KB079598

경기장을 뛰쳐나온
인문학

공규택 지음

경기장을 뛰쳐나온 인문학

#스포츠로 거침없이 세상을 읽다

북트리거

스포츠의 매력, 그리고 힘!
스포츠가 인문학과 만났을 때

스포츠가 가진 매력

'대중'이라는 단어가 붙는 말들이 몇 있다. 대중가요, 대중문화, 대중음식, 대중음악, 대중영화… 하지만 유독 '스포츠'에는 '대중'이라는 수식어를 잘 붙이지 않는다. 왜냐하면 이미 거의 모든 스포츠 종목이 대중화된 지 오래라서 굳이 대중적이지 않은 것과의 구분을 필요로 하지 않기 때문이다.

음악, 영화, 음식, 문화 등에는 대중적이지 않은 영역이 여전히 남아 있으되, 상대적으로 스포츠는 그렇지 않다. 골프나 테니스처럼 일부 종목의 경우 귀족 스포츠라는 소리를 들은 적도 있었지만, 그것들도 대중이 얼마든지 즐길 수 있을 만큼 이미 보편화되었다. 요컨대 스포츠는 이미 대중성을 기본 속성으로 하고 있고, 스포츠가 대중적이라는 말에는 대중이 주체가 되어 보편적으로 즐길 수 있다는 뜻이 내포되어 있다.

그렇다면 스포츠는 어떻게 이토록 빠르게 대중화될 수 있었을까? 현대인들은 스포츠를 왜 좋아할까? 현대 스포츠는 대중을 흡입할 만한 다양한 매력을 가지고 있다. 제일 먼저 꼽을 수 있는 매력은 다양성이다. 스포츠 종목은 대중 개개인의 취향을 십분 충족하고도 남을 만큼 다양하다. 더욱이 새로운 스포츠 종목이 마치 새로 출시되는 공산품처럼 끊임없이 새로 태어나기까지 한다. 두 번째는 공정성에 있다. 스포츠는 종목마다 성문화된 경기 규칙이 있어서 참여하는 누구에게나, 또 언제나 차별 없이 공정하게 적용된다. 세 번째는 데이터화에 있다. 모든 스포츠의 과정과 결과는 수치로 표현되고 관리된다. 어느 선수(혹은 팀)가 얼마나 잘하는지 순위는 물론, 승점이나 득점, 승률이나 타율 등 계량화된 수치로 보여 주기에 더욱 흥미롭다. 네 번째는 예측 불가함에 있다. 스포츠 경기는 시작과 끝이 정해져 있지만, 승부의 결말을 알 수는 없다. 알 수 없는 결말에 대해서 대중은 '각본 없는 드라마'라고 표현하며 그 긴박함을 즐긴다. 마지막으로 스포츠가 가진 원초성에 있다. 스포츠는 몸을 움직여 에너지를 발산하려는 인간의 원초적 욕구와 본능을 직접적으로 자극한다. 그리하여 스포츠 경기를 보기만 해도 대리만족할 수 있게 된다.

스포츠의 매력이 이것뿐이겠는가. 스포츠를 즐기는 대중은 저마다의 이유로 스포츠에 몰입한다. 한편 스포츠는 대중을 끌어당기는 구심력도 있지만, 다른 영역을 향해 적극적으로 나아가려는 원심력도 있다는 점에 주목할 필요가 있다. 스포츠의 진정한 힘, 스포츠의 원심력은 과연 무엇일까?

스포츠의 힘, 세상 모든 것과 엮이다

1936년 베를린올림픽에서 손기정 선수가 42.195km를 달려 세계 신기록으로 금메달을 땄으나 그는 시상대에서 끝내 고개를 들지 못했다. 일장기를 달고 시상대에 올라야 했기에 우승의 기쁨조차 마음껏 누릴 수 없었을 것이다. 다행히 기자가 미리 손을 쓴 덕분에《동아일보》에 실린 손기정의 사진에서는 가슴에 붙어 있는 일장기를 찾아볼 수 없었다. 이때 마라톤은 일제강점기 나라 잃은 조선인에게 희망이요, 항일 역사의 상징이 되었다. 1977년 이역만리(異域萬里) 파나마에서 홍수환 선수가 지옥에서 온 악마로 불리는 무적의 챔피언 카라스키야와 맞붙었다. 2라운드에 네 번이나 다운되면서도 포기하지 않고 기어코 다시 일어나 챔피언을 향해 야수처럼 돌진하여 역전 KO승을 이루어 내었다. 산업화 사회 초입에 있던 대한민국은 '하면 된다'는 진짜 희망을 4전 5기의 복싱 선수에게 배웠다. 1988년에는 세계적인 스포츠 대축제인 올림픽을 개최하여 대한민국을 세계에 알리는 외교적 성과를 거둘 수 있었고, 1990년 중반 이후 벼락처럼 찾아온 IMF 외환위기 아래에서 신음하던 한국 경제는 메이저리그에서 활약하는 박찬호 선수와 LPGA에서 승승장구하는 박세리 선수를 지켜보며 힘을 얻은 듯 소생하였다. 2002년의 월드컵 4강은 우리 모두에게 평생 잊지 못할 진한 추억을 남겼고, 2018년 평창에서 열린 동계올림픽에서는 여자 아이스하키 종목에 단일팀이 출전하여 남북이 오랜 정치적 긴장 관계에서 벗어나 평화와 화해의 무드를 만들어 가는 데 시발점이 되었다.

이처럼 스포츠는 그야말로 역사, 경제, 외교, 정치 등과 떼려야 뗄 수 없는 관계를 맺고 있다. 스포츠가 우리 사회에서 관련을 맺고 있지 않는 분야가 과연 몇이나 있을까? 곰곰 생각해 보면 사회 전반에 걸쳐 스포츠가 맺고 있는 네트워크가 상상을 초월할 정도로 광범위하다. 스포츠행정, 스포츠심리, 스포츠과학, 스포츠외교, 스포츠산업, 스포츠데이터, 스포츠마케팅, 스포츠사회, 스포츠문화, 스포츠의학, 스포츠미디어, 스포츠음악, 스포츠환경, 스포츠교육… 이렇듯 이제 스포츠는 단순히 보고 즐기는 대상에만 머무르지 않고, 세상의 다른 영역들과 적극적으로 서로 교감하면서 더 큰 영향력을 주고받는다.

'인문학'이 스포츠와 만날 때

스포츠가 세상과 끊임없이 교감하는 현장 곳곳에는 스포츠와 관련된 이벤트와 뉴스가 생산되는, 이른바 '스포츠 현상'이 발생한다. 그리고 많은 사람들의 화제에 오르내리면서 전폭적인 관심을 받는다. '스포츠 현상'은 스포츠가 세상 모든 것과 엮이면서 세상 사람들에게 영향력을 미치고 있다는 현실적 방증이다.

세상과 엮인 스포츠가 빚어내는 다양한 현상들은 인문학이 절대

놓칠 수 없는 이야깃거리가 된다. 어차피 사람, 그리고 사람과 관련된 모든 것, 심지어 눈에 보이지 않는 사람의 생각까지 연구하는 것이 인문학 본연의 임무이니까 말이다.

앞서 필자는 스포츠가 '대중적'이라서 매력적이라고 말한 바 있다. '대중적'이라 함은 스포츠가 세상에 미치는 영향력도 대중적이라는 의미까지 포함한다. 스포츠의 대중적 영향력이 인문학에까지 미치기를 바라는 마음으로 스포츠를 인문학과 엮는 시도를 해 보았다. 이 과정에서 뜻밖에도 철학, 사회학, 윤리학 등 다양한 인문학 분야가 스포츠 현상과 연결되어 있음을 배운다. 대중적인 스포츠를 즐기듯 누구나 인문학을 쉽고 재밌게 즐길 수 있기를 희망하며 이 책을 대중 독자 여러분께 내놓는다. 졸고를 늘 옥고로 빚어내 주는 북트리거 편집부에 감사의 말씀 전한다.

2018년 세밑에
공규택

차례 ————————

PART 1

예측 불가능:
새롭고, 새롭고, 또 새롭다!

이미 정해져 있다면
그것은 불의(不義)다

우리나라에서 프로레슬링이 사라진 사연은?

미국에서 프로레슬링은 꽤 인기가 높다. 특히 월드레슬링엔터테인
먼트(WWE, World Wrestling Entertainment)는 야구, 미식축구, 아이스하
키, 농구에 버금갈 정도로 대중적 인기가 대단하다. 우리나라에서도
케이블방송에 정규 편성되어 있을 만큼 다수의 마니아층을 확보하고
있다. WWE는 그 이름에서 알 수 있듯 '엔터테인먼트'적 요소가 다분
하다. 그래서 일반 스포츠 경기와 달리 '쇼(show)'에 가깝다고들 한다.

그렇다면 프로레슬링이 스포츠로서 인기가 높은 이유는 무엇일
까? 한마디로 말하면 쇼는 가짜일망정 '기술'은 진짜이기 때문이다.
WWE 팬들에게 승부의 결과는 큰 관심 대상이 아니다. 경기 중 펼쳐
지는 선수들의 화려한 기술이 인간의 원초적 폭력성을 자극해 대리
만족을 시켜 준다. 그뿐만 아니다. WWE의 경기에는 스토리가 있다.
마치 주말 연속극을 보듯, 이번 경기와 다음 경기가 일련의 스토리로
연결된다. 또 다른 인기 요인은 '다양한 캐릭터'다. 마치 만화영화에서
나 나올 법한 독특한 캐릭터를 지닌 선수가 즐비하다. WWE는 권선
징악의 결말이 예정된 블록버스터 영화 한 편을 흥미진진하게 관람하
는 것과 비슷한 쾌감을 준다.

우리나라에서도 한때 프로레슬링이 폭발적인 인기를 끌던 때가 있

었다. 다들 먹고살기 바빴던 1960~1970년대, 변변한 오락거리나 볼거리가 별로 없던 시절에 프로레슬링은 전 국민을 흑백TV 앞에 삼삼오오 모이게 한 최고의 인기 스포츠였다. 인기로 치면 요즘의 프로야구나 축구·농구 등 웬만한 프로스포츠 경기에 댈 바가 못 되었다. 그런데 프로레슬링을 일순간에 대중의 관심에서 멀어지게 한 결정적 사건이 일어났다.

1965년 11월 27일 저녁, 서울 장충체육관에서 열린 프로레슬링 대회에서 우리나라의 '장영철' 선수와 일본의 '오쿠마' 선수가 3전 2선승제 경기를 벌였다. 한 경기씩 주고받아 경기 스코어가 1 대 1이 된 상황에서 세 번째 경기가 시작되었다. 오쿠마 선수가 장영철 선수를 코너로 몰아붙인 뒤 보스턴 크랩(Boston crab), 일명 '새우 꺾기'(누워 있는 상대편의 양다리를 잡아서 엎어 제치고 등에 압력을 가하는 공격 기술)라는 필살기를 시도했다. 기술은 완벽히 성공했고, 장영철 선수는 고통스러워했다. 원래 시나리오상에는 장영철 선수가 2 대 1로 승리를 거두는 것으로 되어 있었기 때문에 이 공격은 잠시 뒤 중단되어야 했다. 그런데 오쿠마 선수가 각본을 무시하고 기술을 풀지 않았다. 링 밖에서 이 모습을 본 동료들은 사태가 심상치 않다고 판단해 링에 뛰어올라가서 난투극을 벌였으며, 이내 경찰이 출동했고 경기는 중단됐다.

경찰이 이 사건을 조사하기 시작하면서 장영철 선수는 돌발 상황의 자세한 내막을 털어놓을 수밖에 없었다. 그런데 프로레슬링에 대한 이해가 없던 경찰이 자초지종을 듣자마자 "그럼 다 짜고 하는 거냐?"라며 비아냥거렸고, 마침 현장을 취재하던 기자가 프로레슬링의 독특한 사정은 아랑곳하지 않고 "프로레슬링은 쇼"라는 자극적인 헤드라인으로 기사를 내보내면서 그 파문이 일파만파로 퍼졌다. 그 당시 대중은 프로레슬링 경기가 여타 격투기 경기처럼 100% 실제로 경기를 벌이는 줄 알았다가, 승부가 이미 정해진 쇼라는 사실을 알고 실망감을 감추지 못했다. 이후 승부가 이미 정해져 있다는 이유만으로 프로레슬링을 향한 대중의 관심은 싸늘히 식어 갔다.

결국 이 사건을 발단으로 한국 프로레슬링은 급격히 몰락했다. 그런 데다 1980년대에 컬러TV가 도입되고, 프로야구와 프로축구가 잇따라 출범하면서 프로레슬링은 대중에게 차츰 잊혀 갔다. 그날 경기에서 발생한 돌발 상황이 이렇게 엄청난 나비효과를 가져올 것이라고 당시에는 아무도 예상하지 못했다.

승부가 조작된 스포츠는 스포츠가 아니다

한국 프로레슬링이 몰락한 이유는 사람들이 프로레슬링을 일종의 '승부 조작'처럼 받아들였기 때문이다. 승부 조작은 스포츠 경기에서 선수나 관계자가 경기 결과·과정 등을 미리 정해 두고 승패·점수를 조작하는 '범죄 행위'다. 당시 대중은 프로레슬링이 자신들을 기만했다고 생각했다.

그런데 최근 몇 년간 우리나라에서 정말로 있어서는 안 되는 '승부 조작' 사건이 실제로 일어나서 팬들에게 큰 충격을 안겨 주었다. 프로 스포츠 선수, 혹은 감독이 승부 조작에 대거 가담했다는 사실이 밝혀

진 것이다. 빈번히 일어난 스포츠 승부 조작 사건은 불법 스포츠 도박
과 맞물려 있다. 불법 스포츠 도박뿐 아니라 국가에서 운영하는 스포
츠 복권마저도 (경기 결과를 예상해 보면서 스포츠 관람의 즐거움을 극대화
하려는 본래의 취지에서 한참 벗어나) 일확천금을 노리는 도박판으로 변
질되면서 말썽이 나고 있다.

이 도박판에 연루된 선수와 감독의 해당 경기 내용은 그야말로 꼴
불견의 백태였다. 고의로 스트라이크가 아닌 볼을 던지기도 했고, 골
대를 벗어나는 슛을 날리기도 했으며, 적극적으로 수비를 하지 않은
경우도 있었다. 일부러 상대편에게 맞아 준 격투기 선수도 있었고, 의
도적으로 주전 선수를 빼고 후보 선수를 기용한 감독도 있었다. 심지
어 고의 패배를 지시한 감독도 있었다고 한다.

2010년, 최고 인기를 구가한 e-스포츠에서도 프로 게이머들이 주
도적으로 승부 조작에 참여한 사실이 알려지면서 e-스포츠의 위상이
나락으로 떨어졌다. 불법 도박 브로커와 연계된 선수와 감독은 그동
안 쌓아 온 명성과 명예를 한꺼번에 잃었으며, 선수나 감독 자격을 박
탈당하기도 했다.

사실 더 큰 문제는 승부 조작에 가담한 선수와 감독을 처벌한 뒤에
생긴다. 대중이 한순간에 프로레슬링 경기를 외면한 까닭을 생각해
보자. 정해진 시나리오대로 경기가 운영된다는 사실이 밝혀지면서 관
중은 썰물처럼 빠져나갔다. 그런데 심지어 승부가 조작되었다면?

흔히 스포츠를 '각본 없는 드라마'라고들 한다. 이는 스포츠의 승부
는 예측할 수 없다는 의미다. 그래서 관중은 경기를 보면서 긴장감을

느낀다. 대중은 승부가 미리 정해진 경기에서 스포츠 본연의 쾌감을 느끼지 못한다. 또 스포츠는 승부의 결과도 중요하지만, 승리를 위해 선수들이 죽을힘을 다해 싸우고 애쓰는 과정에서 희열과 감동을 느낄 때가 더 많다. 그런데 자신이 관람한 경기에 '승부 조작'이 있었다는 사실을 알게 되면, 한 편의 사기극을 본 것처럼 관중은 자신이 우롱당 했다는 느낌을 받을 수밖에 없다.

프로스포츠는 관중이 외면하는 순간, 그 생명이 끝난다. 그래서 어떤 경기가 승부 조작에 연루된 것이 발각되면, 당국은 스포츠로서의 생명을 지키기 위해 동원할 수 있는 모든 조치를 강구한다. 2006년, 이탈리아에서는 프로축구리그 '세리에 A'가 충격적인 승부 조작 의혹 때문에 파국으로 치닫게 될 뻔한 사건이 있었다. 명문 축구 구단인 '유벤투스 FC'에서 심판 배정 조작 사건이 발생한 것이다. 이탈리아축구협회(FIGC)는 부랴부랴 혐의가 의심되는 유벤투스 FC의 시즌 우승

기록을 무효로 하고, 챔피언스 리그 출전 자격을 박탈하는 등 매우 강력한 징계를 내렸다. 더 나아가 해당 구단을 2부 리그로 강등시키고 한동안 무관중 경기를 지시하는 등 승부 조작을 엄단한 바 있다. 구단 자체의 존폐를 걱정해야 할 정도로 가혹한 처벌이었다. 이것은 두 번 다시 승부 조작이 프로스포츠에 발붙이지 못하게 함으로써, 프로축구가 고사되는 위기만은 막아 보려는 읍참마속(泣斬馬謖)의 조치였다.

승부 조작과 채용 비리의 닮은 점

2018년 초 정부는 1,190곳의 공공 기관 및 단체 가운데 946곳에서 채용 비리가 적발되었다는 조사 결과를 발표했다. 무려 80%에 달하는 곳에서 채용 비리가 암세포처럼 자리 잡고 있었던 셈이다. 채용 비리 형태는 외부 청탁을 받은 경우가 가장 많았다. 유력 정치인이나 기관장의 입김이 공정한 채용을 가로막은 것이다.

공공 기관의 채용 과정을 파헤쳐 보면 스포츠 승부 조작만큼이나 꼴불견이다. 자격 미달의 지원자를 채용한 기관이 있고, 특정 지원자를 채용하기 위해 다른 지원자들을 들러리로 세운 기관도 있다. 가점을 받아야 할 대상자에게 가점을 주지 않으면서 탈락시킨 사례도 적발되었다. 채용 비리가 밝혀진 곳이 공공기관이라는 점에서 더욱 심각한 일이다. 공정한 채용 과정을 기대했다가 뒤통수를 맞은 응시생들의 심정이 어땠을까?

금융감독원이 비슷한 시기에 발표한 은행의 채용 비리도 국민에게 실망을 안긴 것은 매한가지다. A 은행은 회장의 조카를 특혜 채용했다는 의혹을 받았다. B 은행은 특정 대학 출신의 지원자를 합격시키기 위해 면접 점수를 조작하기도 했다. C 은행은 국회의원의 딸 두 명을 특혜 채용한 정황이 포착됐다.

공공 기관이나 은행권은 취업을 준비하는 사람들이 선망하는 이른바 '꿈의 직장'이다. 많은 '취준생'이 그곳에 취업하려고 몇 년씩 피땀 흘리며 준비한다. 정부가 나서서 채용 비리에 연루된 사람을 강력히 처벌한다고 한들, 각본대로 붙을 사람만 붙는 채용 시험에 응시한 그들의 허망함과 분노를 제대로 보상할 수 있을까? 우리 사회가 정의롭지 않다는 사실을 몸소 보여 주었다는 점에서 매우 유감스러운 사건이다.

'사회적 자본'과 우리가 바라는 세상

우리 사회에 만연한 채용 비리는 사회적 자본(social capital)의 결여를 여실히 보여 주는 명백한 사례다. '사람들 사이의 협력을 가능케 하는 구성원들의 공유된 제도, 규범, 네트워크, 신뢰 등 일체의 사회적 자산'을 포괄하여 사회적 자본이라고 지칭하는데, 이 중에서 단연 '사회적 신뢰'가 사회적 자본의 핵심으로 꼽힌다. 사회적 자본이 잘 갖춰진 나라일수록 국민 간의 신뢰가 높고 이를 보장하는 법·제도가 잘 구축돼 있다. 그래서 국가의 미래 발전 가능성을 점칠 때 이 사회적 자본을 지표로 삼기도 한다.

이런 점을 고려할 때 채용 비리와 관련된 사건을 접하면 '우리는 아직 멀었구나.'라는 자괴감이 들 수밖에 없다. 마치 승부가 조작된 경기를 외면하고 싶은 관중의 심정과 다를 바 없는 것이다. 긴장감도 없고 기대할 것 없는 조작된 채용 과정은 응시생뿐만 아니라, 우리 모두를 허망하게 만들고 맥 빠지게 한다.

공정한 경쟁 없이 소수의 사람에게만 기득권을 보장하는 사회는 승부의 결과가 정해진 스포츠 경기처럼 기대할 것이 전혀 없는 재미없는 사회다. 이탈리아축구협회가 읍참마속의 심정으로 인기 구단을 강력히 징계한 것처럼, 우리 사회도 아픈 수술을 단행해야 한다. 이것이야말로 정치권이 부르짖는 '적폐 청산'이 아닐까? 기회는 평등하고, 과정은 공정하며, 결과는 정의로운 세상. 이 말이 단지 정치적 수사로만 그치지 않았으면 좋겠다.

귀인
이론

저주 덕분에 더
재미있는 월드시리즈

저주 vs. 저주, 누가 이겼을까?

1945년 가을, 미국 프로야구 메이저리그 최종 우승 팀을 가리기 위해 '디트로이트 타이거스'와 '시카고 컵스'가 월드시리즈에서 맞붙었다. 사건은 시카고 컵스 홈구장인 리글리 필드에서 4차전이 열리기 직전 발생했다. 시카고 컵스 '광팬'이었던 윌리엄 시아니스^{William Sianis}라는 사람이 자신의 염소를 끌고 와서 리글리 필드에 입장하려고 한 것이다.

"염소의 티켓을 따로 구매했으니 내 염소도 경기를 관람할 권리가 있소. 염소와 함께 입장하겠소."

그러나 구단주가 염소의 악취를 싫어한다는 이유로, 경기장 관리인은 염소의 입장을 강력히 저지했다.

"염소에게서 악취가 납니다. 다른 관중에게 혐오감을 줄 수 있으니 허락하지 않겠습니다."

염소와 동반 입장을 고집하던 시아니스는 경기장 입장이 끝내 좌절되자 크게 분노했다.

"시카고 컵스는 이번 월드시리즈에서 패배할 것이며, 두 번 다시 월드시리즈에 진출하는 일도 없을 것이다."

공교롭게도 그날 벌어진 월드시리즈 4차전에서는 시카고 컵스가 패하는 바람에 승부는 원점으로 돌아갔고, 결국 3승 4패로 디트로이트 타이거즈에 우승 트로피를 내주고 말았다. 거기에서 그치지 않았다. 시카고 컵스는 1945년 이후 월드시리즈 무대를 한 번도 밟지 못했을 뿐만 아니라, 마지막으로 우승한 1908년 이후 100년이 넘도록 우승하지 못했다. 시아니스가 내뱉은 악담이 저주로 돌아온, 이른바 '염소의 저주(Curse of the Billy Goat)'가 시작된 것이다.

시카고 컵스에 염소의 저주가 있다면, '클리블랜드 인디언스' 구단에는 '와후 추장의 저주'가 있다. 클리블랜드 인디언스는 원래 1901년 '클리블랜드 블루버즈'라는 이름으로 창단되었다. 그러다 구단은 아메리칸 인디언 출신 루이스 소칼렉시스^{Louis Sockalexis}라는 선수를 기리는 의미로 블루버즈 대신 인디언스로 팀명을 바꾸기로 하고, 인디언 모습의 캐릭터 '와후'를 로고로 사용했다. 클리블랜드 인디언스는 강

와후 추장이 그려진 클리블랜드
인디언스의 로고

팀으로 군림하며 1920년, 1948년 월드시리즈에서 두 번 우승했다. 하지만 이후 클리블랜드 인디언스의 경기력은 떨어졌고 우승은커녕 최하위권 팀으로 낙인찍히는 처지가 되었다. 이렇게 월드시리즈 진출이 요원하자, 팬들 사이에서 뜻밖의 괴담이 퍼지기 시작했다.

"클리블랜드 인디언스가 월드시리즈에서 우승하지 못하는 이유는 와후 추장의 저주 때문이야."

클리블랜드 인디언스는 1928년부터 와후 추장을 로고로 사용하다가, 팬들에게 친근감을 준다며 1946년부터 코믹스러운 추장 모습으로 로고 디자인에 변화를 주었다. 그런데 와후 추장의 과장된 표정이 인종차별 논란에 휩싸였다. 아메리칸인디언을 우스꽝스럽게 묘사했다는 비난과 함께, 빨간 피부색에 그들을 비하하는 의도가 있다는 것이었다. 이 같은 이유로 클리블랜드 팬들은 로고 때문에 인디언 원혼의 저주를 받고 있다고 주장했다.

구단은 괴소문에 아랑곳하지 않고 성적을 끌어올리기 위해 내실을 다지기 시작했다. 구장을 신축하고 새로운 감독을 선임했으며 젊은 선수들을 영입했다. 그 결과 놀랍게도 1997년에 강호 '뉴욕 양키스'와 '볼티모어 오리올스'를 연파하고 월드시리즈에 진출하는 쾌거를 이뤘다. 하지만 클리블랜드 인디언스의 기운은 거기까지였다. 월드시리즈를 7차전까지 끌고 가며 9회까지 2 대 1로 앞서갔으나 동점을 허용했고, 결국 11회 연장전 끝에 역전당해 우승을 놓쳤다.

이에 저주를 풀려면 팀의 로고를 바꿔야 한다는 요구가 빗발쳤다. 구단은 2011년에 홈 유니폼을 제외한 원정 유니폼에 와후 추장의 로고를 사용하지 않겠다는 절충안을 내놓았다. 이 문제는 정치권에서까지 언급될 정도로 민감한 사안이 되었다. 하지만 구단은 로고가 팀의 역사와 함께하는 상징물이라며, 하루아침에 바꿀 수 없는 소중한 자산이라고 강조했다. 와후 추장의 로고를 버리면 인종차별적인 로고를 의도적으로 사용했다는 점을 인정하는 셈이기에 더욱 그랬다. 로고를 둘러싼 첨예한 논쟁이 한동안 그치지 않고 계속되었다. (2018년 클리블랜드 구단이 2019년 시즌부터 와후 추장 로고를 더 이상 사용하지 않겠다고 공식 발표하면서, 와후 추장의 로고는 역사의 뒤안길로 사라지게 되었다.)

2016년 월드시리즈에서 저주와 저주가 만났다. 염소의 저주를 받은 시카고 컵스와, 와후 추장의 저주를 받은 클리블랜드 인디언스가 한 치의 양보도 없이 7차전 막판까지 혈전을 벌였다. 마치 저주에서 벗어나기 위해 몸부림하듯 말이다. 야구팬들은 저주와 저주의 싸움에 큰 흥미를 느꼈다. 이 시리즈가 끝나면 두 팀 가운데 한 팀은 오랜 저주에서 무조건 풀려나기 때문이다. 누가 먼저 저주에서 벗어날 것인가. 팬들의 이목이 집중된 가운데 시카고 컵스가 월드시리즈를 제패하며 무려 108년간 이어진 지긋지긋한 염소의 저주에서 벗어났다.

이 밖에도 메이저리그의 저주는 다양하다. 세계 최고 수준의 야구

2016년, 시카고 컵스가 108년 만에 저주에서 벗어나 승리를 기념하는 모습

를 볼 수 있는 월드시리즈는 그 자체로 매우 재미있지만, 저주에 얽힌 이야기가 더욱 흥미를 유발한다.

내 실수는 네 탓이오, 네 실수도 네 탓이니

월드시리즈에 걸린 다양한 저주는 왜 생겨났을까? 우리는 평소 실패하면 그 원인을 찾아내려고 한다. 오늘 저녁 모처럼 큰맘 먹고 요리를 시작했다고 하자. 조리법대로 요리했는데도 원하는 맛이 나오지 않았을 때 당신은 어떤 생각이 들까? '양념 비율을 잘못 맞추었나?', '내가 요리에 재주가 없나?' 등 별별 생각을 다 한다. 혹은 '조리법이 잘못됐네.', '식자재가 안 좋아.'라고 생각할 수도 있다. 그뿐인가. 맘에

드는 이성에게 고백했다가 퇴짜를 맞았을 때도 이유를 추측하느라 잠을 설친다. 열심히 준비한 시험을 망치고 나면 왜 점수가 이 모양인지 자책하며 원인을 파악한다.

이처럼 자신이 저지른 실수나 실패 또는 다른 사람의 행동에 반드시 원인이 있다고 믿고, 그 원인을 추론하는 과정을 '귀인(歸因, attribution)'이라고 한다. 다시 말해 귀인은 행동의 원인을 규명하려 스스로 질문하고 대답을 찾아가는 과정이다. 우리는 왜 귀인을 할까? 인간에게는 내가(혹은 타인이) 저지른 실수의 원인을 명확히 함으로써 미래의 불확실성을 줄이고 행동을 예측하고 싶어 하는, 보이지 않는 본능이 있기 때문이다.

귀인 이론(attribution theory)을 체계화한 미국의 심리학자 버나드 와이너Bernard Weiner에 따르면 귀인에는 '상황적 귀인'과 '기질적 귀인'이 있다. 와이너는 이런 예를 든다. 어떤 사람이 살인을 저질렀을 때, 원인을 불우한 가정환경이나 가난 때문이라고 생각하는 것은 상황적 귀인, 살인범의 성격 자체가 원래 포악하고 흉악하다는 등 그 사람의 성격이나 성질 탓으로 돌리는 것은 기질적 귀인이다. 간단히 말하면 원인을 외부 상황에서 찾는 것은 '외부적 귀인(상황적 귀인)', 행위자 내부의 성질에서 찾는 것은 '내부적 귀인(기질적 귀인)'이다. 앞서 예로 든 요리의 경우, 요리가 실패한 이유를 '내가 양념 비율을 잘못 맞추었거나 요리 재주가 없다'고 판단했다면 내부적 귀인이다. 반면에 '조리법, 식자재, 조리 도구가 안 좋았다'는 판단은 외부적 귀인에 해당한다. 그런데 사람들은 흔히 자신에게는 외부적 귀인을 하지만, 타인에게는 내부적 귀인을 하는 경향이 있다. 즉 내 실수는 '세상 탓, 상황 탓'이고, 다른 사람의 실수는 '그 사람 탓'이라는 논리다.

내가 학교에 지각하면 '차가 밀려서 어쩔 수 없이 늦었어.'라며 지각의 원인을 외부 상황으로 돌리지만, 다른 친구가 지각하면 '원래 게으른 애라서 지각했을 것'이라거나 '분명히 늦잠을 자다가 지각했을 것'이라고 생각하며 지각의 원인을 그 사람 내부의 문제로 돌린다. 다른 사람이 화내면 성질이 더럽다고 흉보지만, 내가 화내면 "내가 오죽하면 화를 내겠냐"며 화낸 이유를 외부에서 찾으려 한다. 이런 현상이 시쳇말로 '남이 하면 불륜, 내가 하면 로맨스'라는 우스갯소리를 만들어 낸 심리적 기제다.

외부적 귀인이 잘못된 이유

이런 개인적 귀인이 사회적으로 확대되면 문제가 적지 않다. 일례로 2011년 캐나다의 한 경찰관이 "성범죄를 당하지 않으려면 '헤픈 여자(slut)'처럼 옷을 입어서는 안 된다"고 발언한 직후에 미국, 영국, 한국 등 30여 개국에서 이 발언에 대한 저항의 의미로 야한 옷을 입고 거리를 걷는 '슬럿 워크(slut walk)'라는 시위 문화가 생겨난 일을 들 수 있다. 캐나다 경찰관은 성범죄 피해자를 두고 '옷을 야하게 입었으니까.', '평소 행실이 문란하니까.'라며 피해자의 성향에 문제가 있다고 내부적 귀인을 한 것이다. 과연 다른 사람의 행동이 아니라 자신의 행동을 두고도 이런 귀인이 가능할까? 즉 성범죄가 '나'에게 발생한 경우에도 내부적 귀인을 적용할 수 있을까?

다시 야구 이야기로 돌아가 보자. 월드시리즈의 다양한 저주는 왜 탄생했을까? 만족할 만한 성적을 거두지 못한 구단과 팬들은 그 원인을 찾으려 귀인을 했을 테다. 그런데 저주를 안고 있던 구단들은 한결같이 한때 최고의 성적을 거두었고, 그만큼의 성적을 기대하는 팬이 많다는 공통점이 존재한다. 성적이 부진한 원인을 구단 내부의 문제로 귀인을 하기에는 구단에 대한 팬들의 자부심이 너무 강한 것이다. '우리 구단 내부에는 문제가 있을 리 없다'는 자존심이 자꾸만 외부에서 원인을 찾게 만들었다. 이런 상황에서 어떤 사건에 의한 저주가 만들어지며 적절한 귀인을 찾게 되었다. 구단 내부의 탓보다는 외부의 탓을 찾아냄으로써 성적 부진의 핑곗거리를 안정적으로 확보했다고나 할까? 더욱이 월드시리즈는 그런 저주를 경기 흥행을 위한 스토리텔링으로 활용해 왔다.

하지만 100년 넘게 지속된 월드시리즈의 유서 깊은 저주도 이제 하나둘 사라져 가는 모습을 보면, 외부적 귀인은 확실히 설득력이 없어 보인다. 우리 일상에서 발견하는 불합리한 외부적 귀인들 중에도 사라져야 할 것이 많다. 확실히 내 잘못의 원인은 남에게 있지 않고 내게 있을 때가 많다.

승부를 '실력'이 아닌 '운'에 맡기다

크리켓, 과도한 경쟁을 거부하다

크리켓(cricket). 우리에게는 다소 생소해도 세계적으로 매우 인기 있는 스포츠 종목 가운데 하나다. 얼핏 보면 야구와 비슷해 보이는 크리켓은 11명으로 이루어진 두 팀이 교대로 공격과 수비를 하고, 배트로 공을 쳐서 득점하는 방식으로 진행된다. 13세기 영국에서 시작되었다는 설이 유력하며, 점차 발전을 거듭해 18세기 영국의 국기(國技)가 되었다. 제국주의 시절 대영제국이 팽창함에 따라, 19세기에는 다

른 나라로 널리 퍼졌다. 현재 국제크리켓평의회(ICC)에는 우리나라를 비롯해 100여 개의 회원국이 가입되어 있다. 특히 크리켓은 영국, 오스트레일리아, 뉴질랜드 등에서 인기가 높으며, 아시아권에서도 아시안게임 정식 종목으로 채택될 정도로 많은 관심을 받는 스포츠다. 그중 인도, 파키스탄 등에서 폭발적 인기를 누린다.

크리켓에는 특이한 경기 규정이 있어 눈길을 끈다. 경기 당일에 비가 오면 경기를 순연하지 않고 곧바로 제비뽑기의 일종인 '코인 토스 (coin toss)'로 승패를 결정하는 것이다. 우리식으로 말하면 '동전 던지기'다. 크리켓과 비슷한 야구만 해도 우천 시 경기를 취소하고 다른 날로 경기 일정을 순연한다. 누군가는 '크리켓도 스포츠인데 친선 경기나 그렇겠지.' 하고 생각할지 모르지만, 실제로 2014년 인천아시안게임에서 이 규정이 적용되었다. 아시안게임이라는 정식 국제 경기에서 말이다.

인천아시안게임이 한창이던 9월 29일 크리켓 경기장. B조 조별 리그를 치르는 쿠웨이트와 몰디브는 오전 9시 30분에 경기를 시작할 예정이었지만, 전날부터 오던 비는 그치지 않았고 경기는 계속 지연되었다.

"더 이상 기다릴 수 없습니다. 이제 동전 던지기로 승부를 가르겠습니다."

이윽고 심판은 주머니에서 동전을 꺼냈다. 쿠웨이트는 앞면, 몰디브는 뒷면으로 정한 뒤 심판이 동전을 하늘 높이 던졌다. 땅바닥으로 떨어진 동전은 앞면이 위로 향해 있었다. 쿠웨이트 선수들은 환호성을 질렀고, 몰디브 선수들은 아쉬움에 고개를 떨어뜨렸다. 이 동전 던지기 하나로 쿠웨이트는 대회 첫 승을 올리면서 조 2위로 8강에 오르는 기쁨을 맛봤다. 쿠웨이트에 패해 예선 탈락한 몰디브는 야속한 동전 때문에 아쉬움을 곱씹었다. 몰디브로서는 동전 던지기 패배로, 4년간 피땀 흘려 준비한 아시안게임이 경기 한번 해 보지 못하고 허무하게 막을 내리는 순간이었다.

동전 던지기로 승패를 결정하는 일은 경기를 4년간 준비해 온 선수들에게 힘 빠지고 어이없는 상황이 분명하다. '동네 운동회도 아니고 국제 대회인데 겨우 비가 온다고 동전에 운을 맡길 수가 있느냐'고 반문하는 사람도 있을 테다. 하지만 다른 종목에서도 동전 던지기로 승패를 결정짓는 경우가 꽤 있다. 예를 들어 축구에서는 골 득실 차와 득점수까지 모두 같을 경우 국제축구연맹(FIFA) 규정에 따라 최후에는 동전 던지기로 승패를 결정한다. 또 양궁도 동점 상황에서 승부를 가리기 위한 '슛 오프'(운동 경기에서 정한 횟수·시간 안에 승부가 나지 않을 때, 횟수·시간을 연장해 계속하는 경기)를 반복하는데, 그래도 동점일 때 결국 동전 던지기로 승패를 가린다.

이처럼 스포츠 현장에서는 일차적으로 승부를 내려 노력하고, 어쩔 수 없는 상황에 이르면 최후의 방편으로 제비뽑기를 활용하기도 한다. 인천아시안게임 크리켓 경기는 개회식 다음 날인 9월 20일부터 폐회식 전날인 10월 3일까지 숨 가쁜 일정으로 쉴 새 없이 진행되고 있었다. 다른 종목은 휴식일이 있거나 우천 여부와 상관없는 실내 경기라 순연할 여지가 있었다. 그러나 크리켓은 휴식일이 없어서 순연이 불가능할 뿐만 아니라 공이 바운드해야 정상적으로 플레이를 할 수 있으므로, 어쩔 수 없이 동전 던지기가 이루어진 것이다.

이런 일에도 제비뽑기를?

실력이 아닌, 뜻밖의 확률에 의지하는 제비뽑기는 스포츠만이 아니라 현실 정치에서도 심심찮게 활용된다. 2015년 캐나다 한 선거에서는 동전을 던져 당선자를 결정하는 진풍경이 벌어졌다. 캐나다 동부의 프린스에드워드아일랜드주에서 실시한 주 의원 선거 결과, 공교롭게도 두 후보의 득표수가 1,173표로 같았던 것이다. 이런 경우 주 선거법은 동전 던지기로 당선자를 결정하도록 규정하고 있어, 입회

판사는 곧 동전 던지기를 실시했다. 관련 법 규정을 세부적으로 따지면 후보 성의 알파벳 순서가 앞선 쪽이 동전의 앞면을 배정받기 때문에 맥카이삭McIsaac 후보는 뒷면을 배정받았고, 맥키니스McInnis 후보가 앞면을 배정받았다. 결국 던진 동전의 뒷면이 나오면서 맥카이삭 후보가 당선자로 결정됐다. 공교롭게도 두 사람의 성이 비슷해 네 번째 알파벳까지 따지는 바람에 이 결과는 더욱더 극적이었다. 맥카이삭 후보는 당선이 확정된 뒤 이렇게 말했다.

"공중에 던져진 동전이 의자 밑으로 떨어졌다가 튀어 오르는 짧은 순간 몹시 긴장되었습니다. 모든 것을 신의 뜻에 맡기고 결과를 받아들여야겠다고 생각했습니다."

2014년 페루 필핀토 시장 선거에서도 두 후보자의 득표수가 같아 동전 던지기로 시장을 결정한 사례가 있다. 그보다 3년 앞선 2011년 미국 일리노이주에서도 유사한 상황이 발생했다. 시카고 지역 소도시의 시의원 선거에서 두 후보가 같은 득표수를 기록하자, 동전 던지기로 당선자를 정한 것이다. 일리노이주 선거법 역시, 두 후보의 득표수가 같을 때 동전 던지기나 제비뽑기로 당선자를 가린다는 조항을 명시하고 있다. 물론 선출직 공무원을 뽑는 이런 중요한 선거를 제비뽑기 같은 방식으로 결정짓는 일이 과연 올바른 방식인지에 대해서는 이견이 존재한다.

역사적으로 거슬러 올라가 보면 제비뽑기 관행은 오랜 전통을 가진다. 직접민주제를 시행하던 고대 그리스 아테네 시민들은 한곳에 모여 토론하며, 대표자를 제비뽑기로 선출했다. 아테네인들이 공직자를 선출하는 데 제비뽑기 방식을 택한 이유가 단순히 대중의 흥미를 끌 목적은 아닐 테다. 또 대의제에 대한 이해가 부족해서도 아닐 것이다. 그렇다고 대표 선출을 운이나 신의 결정에 따른다는 신성한 뜻은 더욱 아니다. 제비뽑기의 목적은 바로 모든 출마자에게 공정한 기회를 완벽하게 보장해 주기 위해서였다.

이런 점에서 보면, 근대 이후 성립한 선거제도에 따른 오늘날의 대표 선출 방식이 오히려 민주적이지 못할 수도 있다. 사실상 소수 특권층에게만 피선거권이 주어지면서 과도한 경쟁이 발생하고, 이로 인해 당선을 위해서라면 부패도 서슴지 않는 태도가 우리 사회에 만연하다. 또 소수에게 주어지는 기회이기 때문에, 소외된 사람 대부분은 정치에 무관심해지기 쉽다. 반면 고대 그리스에서 제비뽑기로 대표자를 선출할 때, 그들은 재임 기간을 명확히 제시하고 연임을 거의 허용하지 않았다. 따라서 선출자는 다른 사람의 눈치를 보지 않고, 이해관계를 떠나 소신 있게 일할 수 있었다.

우리나라 선거는 제비뽑기를 인정하지 않는다. 왜냐하면 대한민국 선거법은 후보자들의 득표수가 같으면 동방예의지국답게(?) 나이가 한 살이라도 많은 연장자가 승리하도록 규정했기 때문이다. 우리나라에서 선거가 아닌, 고대 그리스 방식인 제비뽑기로 대표를 선출한다면 공직자의 비리나 부패 등이 사라질 수 있을까?

정치뿐만 아니라 자칫 민감할 수 있는 병역 문제를 제비뽑기로 결정하는 경우도 있다. 타이의 징병 검사장에서는 다음과 같은 진풍경이 일상적으로 펼쳐진다. 검사장에 모인 젊은 남자들이 제비를 뽑고

군인에게 건넨다. 그 순간 검은색 제비를 뽑은 청년들은 기쁨을 감추지 못하는 반면, 빨간색 제비를 뽑은 청년들은 낯빛이 어두워진다. 검은색은 군 복무 면제를, 빨간색은 입대를 뜻하기 때문이다. 타이는 징병 대상인 스물한 살 남성 인구가 군에서 필요로 하는 인원보다 많아지자, 1954년부터 추첨제를 도입했다. 먼저 자원 입대자를 받은 다음, 모자라는 인원을 제비뽑기로 선발하는 것이다. 입대 대상자를 어떤 방식으로 정하든 공정성 시비에서 벗어날 수 없으니, 차라리 제비뽑기를 통해 공정하게 입대자를 선발하자는 취지로 시행됐다.

중요한 문제일수록 제비뽑기로?

제비뽑기를 단순히 사행적인 오락거리로, 혹은 주술적이고 비과학적인 미신쯤으로 치부해 버리는 이들이 있다. 하지만 스포츠 경기나 우리 사회에서의 다양한 쓰임새를 보면, 제비뽑기를 그리 불합리한 행위로만 여길 것이 아니라는 생각이 든다.

제비뽑기는 어떤 문제에 당면했을 때 인간으로서 강구할 수 있는 모든 방법을 다 동원하고, 그러고 나서도 묘안이 없으면 불필요한 에너지 소모를 방지하고자 최후에 행하는 방법이다. 오로지 운에 맡긴다는 점에서는 비합리적이라고 생각할 수 있으나, 공정성을 기준으로 보면 달리 생각해 볼 수 있다. 어떤 면에서는 이해관계가 얽힌 사람들의 이견과 불만을 최소화할 수 있는 객관적이고 공정한 방법인 것이다. 제비뽑기는 극심한 경쟁이 일어나거나 이해관계가 첨예하게 얽힌 사안에서 더 큰 위력을 발휘할 수 있지 않을까?

우리 사회 곳곳에는 좀처럼 해결될 기미가 보이지 않는 다양한 갈등이 존재한다. 이를 제비뽑기로 해결하면 의외로 투명한 결과가 나올 가능성도 있다. 중요한 스포츠 경기나 대표를 선출하는 선거에서 제비뽑기를 활용하고 있는 선례를 통해 그 해결의 단서를 보게 된다.

04

시뮬라시옹

누가 '진짜'와 '가짜'를 구별할 수 있을까?

시뮬레이션, '흉내' 내고 '연기'하는 것

숱한 화제를 남긴 2018 러시아월드컵이 프랑스의 우승으로 대단원의 막을 내렸다. 열 번째 월드컵에 출전한 대한민국은 조별 리그에서 분전했지만, 1승 2패로 16강에 오르지 못하는 다소 아쉬운 결과를 얻었다. 그나마 독일전 승리가 한국 축구에 작은 희망을 남겼다고나 할까? 이번 시간에는 온 국민에게 감동을 준 독일전의 한 장면 속으로 들어가 보자.

2018 러시아월드컵 F조 조별 리그 3차전 한국과 독일의 경기에서 손흥민 선수가 시뮬레이션 파울을 범했다는 이유로 옐로카드를 받고 있다.

당시 피파(FIFA) 랭킹 1위이자 디펜딩 챔피언(defending champion, 전 대회 우승 팀) 독일과 0 대 0으로 팽팽히 맞선 후반 19분. 손흥민 선수가 페널티박스 근처에서 두 명의 독일 수비수 사이로 파고들며 재빨리 돌파를 시도하다가 상대 선수의 수비에 걸려 넘어지고 말았다. 즉시 주심의 휘슬이 울렸다. '오! 드디어 페널티킥을 얻어 내는구나.' 하고 생각한 그때, 주심은 뜻밖의 판정을 내렸다. 손흥민 선수가 '시뮬레이션(simulation) 파울'이라는 이유로 (독일 선수가 아닌) 손흥민 선수에게 옐로카드를 꺼내 든 것. 페널티킥을 줄 만한 파울이 아니었으면 그냥 경기를 속개하면 되지, 왜 운동장에 넘어진 선수에게 경고를 줄까? 이건 무슨 상황일까?

이번엔 2018년 6월 22일에 열린 영원한 우승 후보 브라질과 코스타리카의 월드컵 E조 경기를 떠올려 보자. 브라질이 좀처럼 코스타리카의 골문을 열지 못한 후반 32분. 페널티박스 안에서 수비수를 등지고 공격을 전개하던 브라질의 네이마르^{Neymar} 선수가 수비수와 접촉하며 넘어졌고, 이번에도 주심은 한 치의 주저함 없이 휘슬을 불었다. 그런데 이번에는 페널티킥을 선언했다! 손흥민 선수와 매우 흡사한 상황에서 다른 판정이 나온 것이다.

하지만 얼마 후 판정이 뒤집혔다. 코스타리카 측이 거세게 항의하자, 주심은 비디오 판독(VAR)을 거쳐 페널티킥 판정을 취소했다. 주심은 VAR을 통해 네이마르 선수가 넘어진 것을 (파울을 당한 것이 아니라) 일종의 시뮬레이션으로 판단했다.

시뮬레이션은 원래 (현실과 흡사하게 진행되는) 모의실험을 의미한다. 그런데 이 말에는 '흉내 내기'라는 다른 뜻도 함의되어 있다. 이 뜻에 따라 축구에서는 '실제로 파울이 아닌데 선수들이 의도적으로 속이는 동작을 취함으로써 주심의 반칙 판정을 유도해 페널티킥이나 프리킥을 얻어 내는 거짓 행동'을 '시뮬레이션'이라고 일컫는다. 이 거짓 행동은 마치 영화배우처럼 선수가 연기를 한다고 하여 '할리우드 액션'이라 불리기도 한다.

심판이 선수의 거짓 연기에 속아 넘어가는 경우가 (승패에 결정적 영향을 미칠 만큼) 점점 많아지자, FIFA는 2002 한일월드컵 때부터 시뮬레이션을 중대한 반칙으로 규정하고 해당 선수에게 경고나 퇴장을 주기 시작했다. 2018 러시아월드컵에서 손흥민 선수가 받은 옐로카드의 의미가 바로 이것이었다.

한편 주심이라고 해도 매 상황 시뮬레이션을 정확히 판별할 수는 없다. 그래서 상대편에게 진짜 파울을 당해서 넘어질 수밖에 없었던 선수에게 시뮬레이션 파울이라는 판정은 억울하기 짝이 없다. 이런 이유로 시뮬레이션 파울은 종종 분쟁의 소지를 남긴다. 똑같은 상황에서 네이마르 선수에게는 페널티킥을 선언하고, 손흥민 선수에게는 페널티킥은커녕 오히려 옐로카드를 준 일이 단적인 사례다. 이번 월드컵에서 처음 도입된 VAR로 네이마르 선수의 시뮬레이션을 뒤늦게 확인하고 판정을 바로잡은 것은 그나마 다행한 일이었다.

진짜보다 더 진짜 같은 가짜

가짜 보석, 가짜 휘발유, 가짜 명품, 가짜 의사, 가짜 서류 등 진짜를 모방하는 '가짜'가 판치는 세상이다. 그러나 우리는 이것들의 진위를 대체로 쉽게 가려낼 수 있다. 보석이나 명품은 보증서나 전문 감정사를 통해 진품임을 확인할 수 있고, 의사는 면허 여부로 진짜 의사를 찾을 수 있다. 진짜와 가짜는 구별되게 마련이다!

문제는 진짜와 가짜를 구별할 수 없을 때 생긴다. 프랑스의 철학자 장 보드리야르Jean Baudrillard는 "21세기는 '진짜 같은 가짜의 세계'이면서 '진짜보다 더 진짜 같은 가짜의 세계'인 시뮬라시옹('시뮬레이션'의 프랑스어 발음)의 세계"라고 말한 바 있다. 가짜가 진짜를 압도하는 상

황, 즉 가짜가 너무나 진짜 같아서 가짜임을 의심조차 못 하는 상황이
올 수 있다는 뜻이다.

가상 화폐는 만질 수도, 볼 수도 없는 (진짜 화폐의 기능을 흉내 낸 것
에 지나지 않는) 온라인상의 '가짜 화폐'이지만 투자 가치로서 진짜 화
폐보다 더 큰 위력을 자랑하기도 한다. 그래서 아직도 많은 사람이
(어쩌면 쓸모없을지도 모르는) 가짜 화폐를 의심의 여지없이 가치 있다
고 여긴다.

영화나 광고에 등장하는 배우나 모델도 같은 맥락이다. 실제로는
평범한 생활인에 지나지 않는 사람도 대중매체를 통해 그럴듯한 가짜
이미지로 포장되면 훌륭하고 빛나는 캐릭터를 소유하게 된다. 그래서
대중은 실재하는 '진짜 인간' 로버트 다우니 주니어^{Robert Downey Jr.}보다
영화 속에만 존재하는 가상의 '아이언맨'에 훨씬 더 열광한다.

축구 선수들이 거짓 동작으로 심판을 속여 페널티킥이나 프리킥을
얻어 내 승패에 영향을 끼치는 것은 보드리야르가 말한 시뮬라시옹의
한 단면을 보여 준다. FIFA가 시뮬레이션을 강력한 파울로 규정한 것
은, 축구 경기장에서나마 가짜가 진짜를 압도하는 현실을 막아 보려
는 자구책이었다. 그런데 거짓 행동이 파울로 규정되자, 선수들은 자
신의 시뮬레이션이 들통날까 봐 진짜처럼 보이도록 과한 연기를 펼치
기 시작했다.

2018 러시아 월드컵 16강전에서 브라질이 멕시코에 1 대 0으로 앞
선 후반 26분, 네이마르 선수가 또 파울을 당해 쓰러졌다. 이때 멕시
코의 미겔 라윤^{Miguel Layún} 선수에게 오른쪽 발목을 밟힌 그는 소리를

2018 러시아월드컵 16강전 브라질과 멕시코의 경기에서 네이마르 선수가 과한 행동을 했다는 지적이 일었다.

지르며 세차게 뒹굴었다. 라윤 선수는 손을 저으면서 억울함을 토로했고, 주심도 비디오 판독 심판의 말을 듣고서 고의성이 없다고 판단했다. 그러자 고통스러워하던 네이마르 선수가 아무 일 없다는 듯 벌떡 일어나서 즉시 자기 진영 쪽으로 뛰기 시작했다.

이를 지켜본 영국 BBC 해설 위원은 "네이마르가 마치 악어에 물린 것처럼 행동했다. 팔다리를 잃은 것처럼 고통스러워했다."라며 비꼬았다. 미국 일간지 《USA투데이》도 "네이마르가 또 한 번의 '오스카급' 명연기를 펼쳤다"며 그의 과도한 할리우드 액션에 일침을 가했다. 더 진짜처럼 보이려는 과한 행동, 즉 시뮬레이션은 스포츠 현장에서 거센 비난을 받는다. 스포츠의 기본 정신인 페어플레이에 대한 모독이기 때문이다. 2018 월드컵에서는 유독 뛰어난 기량을 가진 슈퍼스타들이 과도한 엄살과 거짓 연기를 자행하여 축구팬들의 눈총을 받았다.

가짜 뉴스, 우리 사회에 창궐한 시뮬레이션

축구에서는 심판과 팬들의 냉철한 눈이 시뮬레이션을 판독하지만, 우리 사회의 만연한 시뮬레이션인 '가짜 뉴스(fake news)'는 감시자 없이 대단한 기세로 창궐하고 있다. 현상을 과장하거나 왜곡하는 수준을 넘어 거짓 정보를 사실인 것처럼 꾸미거나, 아예 존재하지도 않는 일을 진짜처럼 널리 유포하는 뉴스가 바로 가짜 뉴스다.

사실 가짜 뉴스는 어제오늘의 문제가 아니다. 우리 역사를 가만히 들여다보면, 백제의 서동이 신라의 선화공주를 얻기 위해 거짓 정보를 담은 노래를 만들어 퍼뜨린 것도 가짜 뉴스의 일종이었다. 또 1923년 관동대지진 당시 일제가 악화된 여론을 무마할 목적으로 '조선인들이 폭동을 조장한다'는 헛소문을 퍼뜨려 우리 민족이 무참히 학살되는 비극이 일어난 것도 가짜 뉴스 때문이었다.

혹자는 이처럼 역사 속에서 끊임없이 생산된 가짜 뉴스가 새삼스럽지 않다고 생각할지도 모른다. 하지만 최근 가짜 뉴스가 퍼지는 현상을 보면 이전과는 확연히 다른 위험성이 감지된다.

최근 가짜 뉴스의 특징은 다음과 같다. 첫째, 인터넷 미디어의 발달이 가짜 뉴스의 확산을 부추긴다. 가짜 뉴스는 예전처럼 노래나 입소문으로 퍼지지 않는다. 종래의 신문이나 방송과는 비교도 안 될 정도로 유통과 확산이 매우 빠르고 광범위하다.

둘째, 과거에는 가짜 뉴스의 생산자가 특정인이나 특정 집단이었지만, 오늘날에는 누구나 손쉽게 가짜 뉴스를 생산한다. 특히 SNS가 확산하면서 언론사가 아닌 개인이 가짜를 진짜 뉴스처럼 퍼뜨려 사회문제가 되고 있다.

셋째, 가짜 뉴스가 천박한 자본주의와 결탁되었다. 가짜 뉴스가 점점 더 자극적인 콘텐츠로 무장하는 이유는 이른바 돈이 된다는 인식 때문이다. 사실 여부와 상관없이 잘 만들어진 '짤'은 사람들의 입맛에 맞기만 하면 인터넷상에서 많은 조회 수를 얻을 수 있으며, 그것이 광고와 직결되어 수익을 창출해 낸다.

넷째, 가짜 뉴스가 심리적 보상 행위로 소비되는 경향이 있다. 인터넷 공간에서 자신의 생각과 유사한 논리를 담은 가짜 뉴스를 선택적으로 소비하며 심리적 안정감을 느끼는 사람이 많다는 것이다. 사람들은 자기가 좋아하고 보고 싶은 내용만 접하는데, 이는 결국 고정관념을 강화하는 계기가 된다.

'딥페이크'에 맞서는 '팩트 체커'

앞서 보드리야르는 가짜가 너무 진짜 같아서 가짜임을 의심조차 못 하는 상황이 도래할 것이라고 했다. 최근에 등장한 '딥페이크(deepfake)' 기술은 그 상황을 충분히 방증하고도 남는다. 지금 이 순간에도 수많은 딥페이크 영상이 인터넷에 떠돌아다니며 사람들을 현혹시키고 있다.

딥페이크는 영상을 실시간 변조하는 기술로, 상대방의 얼굴을 캡처해 다른 사람의 얼굴과 합성할 수 있다. 이를 구현하기 위해 컴퓨터가 데이터를 분석하고 스스로 학습하는 인공지능 기술(deep learning)까지 활용한다고 한다. 딥페이크 기술을 활용하면 유명 정치인의 기자회견 생중계 영상을 실시간으로 위조할 수 있다. 지금 내 눈앞에서 말하는 사람이 허상이라고 생각해 보자. '눈 뜨고 코 베일 세상이 바로 우리가 사는 세상이 아닌가!'라는 탄식이 절로 나오지 않나?

이렇게 소름 돋을 정도로 진짜보다 더 진짜 같은 가짜가 판치는 세상에 맞서기 위해서는 너나없이 (마치 월드컵에서 선수의 시뮬레이션을 잡아낸 비디오 판독기처럼) 지금 저 뉴스가 과연 진짜인지 합리적으로 의심하고 사실 여부를 끊임없이 확인하는 사람, 즉 '팩트 체커(fact checker)'가 되어야 한다. 최근 팩트 체커들이 연합을 이룰 정도로, 심각성과 위험성에 대해서는 세계적인 공감대가 형성되었다. 글로벌 미디어 기업들도 팩트 체커로서의 임무를 수행하기 위해 최선을 다하고 있다. 2018년 초 구글은 '구글 뉴스 이니셔티브(Google News Initiative)'를 발표하며, 이를 통해 유력 언론사들과 손잡고 인공지능 등의 기술을 활용하여 부정확한 콘텐츠가 노출될 가능성을 낮춰 가짜 뉴스를 퇴치하겠다는 입장을 밝혔다. 페이스북도 2017년 초에 가짜 뉴스의 심각성을 깨닫고 언론사와 긴밀하게 협업하겠다는 '페이스북 저널리즘 프로젝트(Facebook Journalism Project)'를 출범시키는 등 여러 노력을 이어 가고 있다.

무엇보다 우리 사회가 가짜 뉴스를 생산하는 행위 자체를 죄악시하고 이를 엄단해야 한다. 아무리 세계적인 스타플레이어라고 해도, 경기장에서 엄살을 부리는 등 시뮬레이션을 일삼으면 결국 축구팬들이 철저히 외면한다는 것을 명심해야 하듯 말이다.

동영상 함께 보기

손흥민, 페널티킥이 아닌 옐로카드라고?
2018년 러시아월드컵 예선 최종전이 열린 6월 27일, 독일과의 후반전 16분경. 손흥민 선수가 독일 수비 선수 두 명 사이로 재빠르게 돌파하다가 페널티 박스 안에서 넘어졌으나, 주심은 페널티킥을 선언하기는커녕 오히려 손흥민 선수에게 시뮬레이션 파울이라며 경고 카드를 내밀었다.

하극상으로 감동을 전하는
프리미어리그

감동적인 레스터 시티의 우승

2016년 5월 3일, 영국 킹파워 스타디움에서 스포츠 역사의 한 획을 긋는 기적이 일어났다. 잉글랜드 프로축구 프리미어리그에서 레스터 시티가 우승을 차지한 것이다. 이날 레스터 시티는 잔여 경기 결과와 상관없이 리그 우승을 확정 지었다. 왜 그들의 우승이 화제가 되었을까?

창단 132년 만에 처음 우승한 사실도 놀랍지만, 잉글랜드 최상위 리그로 승격된 지 불과 2년 만에 우승을 거둔 것은 기적이라는 수식어를 붙일 만큼 유례를 찾기 힘든 일이다. 많은 이들이 레스터 시티의 우승은 영화나 드라마에서 나올 법한 일이라고 놀라워했으며, 우승 과정 자체가 판타지 혹은 동화라고까지 감탄했다. 레스터 시티 구단이 스스로 세운 시즌 목표가 1부 리그 잔류였을 만큼, 리그 우승은 감히 꿈도 꾸지 못했던 상황이라 놀라움이 더했다.

프리미어리그는 잉글랜드 프로축구 1부 리그다. 하지만 레스터 시티는 2부 리그에서 1부로 승격된 지 불과 2년밖에 안 된 애송이 팀이었다. 그야말로 레벨이 다른 쟁쟁한 구단들 사이에서, 레스터 시티는 2부 리그로 강등되지 않는 것만으로도 감지덕지한 상황이었다. 2015·2016 시즌 초반에 돌풍을 일으킬 때만 해도 사람들은 레스터 시티에 시큰둥했다.

"레스터 시티의 우승 확률이 5,000분의 1이라며?"

"우승 확률이 없는 팀치고는 초반에 선전하는군."

"스타플레이어 한 명 없는 팀이니 점차 하위권으로 처지겠지."

"돈도 없는 가난한 구단이잖아."

"다음 시즌에는 하부 리그로 떨어질 약팀이야."

이렇게 수군거리는 사람들을 비웃기라도 하듯, 레스터 시티는 시즌 내내 승승장구했다. 창단 이후 132년 동안 하부 리그를 전전하던 레스터 시티가 우승을 확정 지을 때, 홈 팬들은 물론 전 세계인이 감동했다. 운영 자금이 넉넉잖아 가난한 팀, 특출 난 선수가 한 명도 없어 최약체라고 무시당하던 팀이 세계 최강으로 우뚝 선 순간이었다.

레스터 시티 선수들과 라니에리 감독이 2015-2016 시즌 프리미어리그 우승을 확정 짓고, 트로피를 들어 올리며 기뻐하고 있다.

문 열려 있는 프리미어리그 시스템

잉글랜드 축구 리그 시스템은 '풋볼 피라미드'라고 불린다. 마치 생태계의 먹이 피라미드처럼 가장 높은 곳에 최고의 리그인 프리미어리그가 있고, 그 밑으로 챔피언십리그 등 수많은 하부 리그가 존재하기 때문이다. 1부 리그에 해당하는 프리미어리그, 2부 리그 격인 챔피언십리그, 그 밑으로 3부·4부 리그 등이 자리 잡고 있는데, 무려 24개 리그 등급이 존재한다. 그중 최상위의 '프리미어리그'에는 단 20개 구단만 허락된다. 맨체스터 유나이티드, 아스널, 첼시, 리버풀, 토트넘…

이름만 들어도 가슴 뛰는 세계 최고 수준의 명문 축구 구단이 자리하고 있다. 이들과 같은 리그에 속해서 일 년 동안 대적하는 것만으로도, 해당 구단은 엄청난 부와 명예를 누린다.

프리미어리그는 인접한 다른 레벨의 리그 사이에서 승강제가 이루어지는 계층적 시스템을 가진다. 그래서 아무리 프리미어리그에 속한 구단이라도 하위권으로 처지면, 다음 시즌에는 프리미어리그 바로 밑 레벨 2에 해당하는 챔피언십리그로 강등된다. 반대로 챔피언십리그에서 상위권을 기록하면, 다음 시즌 레벨 1인 프리미어리그로 승격된다.

레벨 1에서 레벨 4까지는 프로 리그, 레벨 5부터 레벨 24까지는 아마추어 리그이며, 선수들은 더 높은 리그로 올라가기 위해 한 해 동안 죽을힘을 다해서 그라운드를 누빈다. 물론 높은 리그로 승격하는 건 말처럼 쉽지 않다. 여기서 우리는 한 해 성적을 바탕으로, 해마다 승격과 강등이 계속 이루어지고 있다는 점에 주목할 필요가 있다. 어떤 레벨 리그든 강등되는 팀과 승격되는 팀이 생긴다. 그들은 상위 리그 진출을 꿈꾸며 축구 선수의 이상을 키워 가고 있다. 레벨을 오르내릴 수 있는 개방형 체제가 잉글랜드 축구 리그를 세계적으로 성장시켰다는 사실은 두말할 필요가 없다.

'유리 천장' 없는 프리미어리그는 위대하다

잉글랜드 축구 리그가 다양한 레벨에 따라 철저한 위계 시스템을 구축한 것처럼, 인류 역사도 이에 못지않게 신분제도에 따른 철저한

계급화로 점철됐다. 인도의 카스트는 가장 굳건한 신분제도였다. 태어날 때 '브라만, 크샤트리아, 바이샤, 수드라'로 신분이 한번 정해지면 죽을 때까지 벗어날 수도, 거스를 수도 없는 운명이 되었다. 신라시대 골품제 역시 왕족과 귀족은 성골과 진골이었으며, 6두품 이하 사람들은 능력이 출중해도 관직 진출을 제한받았다. 나아가 혼인, 가옥의 크기, 옷의 종류와 색깔, 장신구, 심지어 그릇의 재질까지 사회생활 전반이 규제 대상이었다.

근대사회로 이행하면서 중세 이전의 극단적인 신분제도는 자취를 감추고 계급의식도 서서히 약화되었다. 하지만 요사이 새로운 형태의 신분제도가 태동하여 우리 사회에 자리 잡았다. 이른바 '수저 계급론'은 개인의 노력보다 부모로부터 물려받은 재산에 따라 인간의 계급이 나뉘는 사회현상을 자조적으로 표현한 말로, '금수저'는 부유한 가정환경에서 좋은 조건을 가지고 태어난 사람, '흙수저'는 부모의 능력이나 형편이 넉넉하지 못해 경제적 도움을 전혀 받지 못하는 사람을 의미한다.

수저 계급론은 사회 양극화를 단적으로 드러내기에 중요한 의미가 있다. 이미 기득권을 가진 상태에서 출발하면, 기득권을 갖지 못한 이들을 쉽게 이길 수 있다. 뒤처진 사람은 출발 자체가 불리하기 때문에, 경주에서 이기기가 거의 불가능하다. 즉 승자가 늘 승리를 독식하고, 부자가 더 큰 부를 가지는 불공평한 상황을 잉태하는 것이다. 이른바 '갑질'이라고 부르는 사회적 폐단도 이런 신분제도가 영원히 지속될 것이라는 잘못된 믿음에 기인한다.

수저 계급론에 비견할 만한 개념으로 '유리 천장(glass ceiling)'이라는 말이 있다. 1979년 미국 경제지 《월스트리트저널》이 조직 내 여성 승진의 어려움을 다루며 처음 사용한 이 단어는 '눈에 보이지는 않지만 결코 깨뜨릴 수 없는 장벽'을 의미한다. 능력과 자격을 갖춘 여성이라도 여성에 대한 부정적 인식이 굳어 있어, 고위직 승진이 차단된 상황을 비판적으로 표현한 말이다. 최근 유리 천장은 성별뿐만 아니라 출신, 학력, 외모, 국적 등 여러 가지 이유로 높은 자리에 올라가지 못하는 폐쇄적인 상황까지 일컫기도 한다.

이처럼 상향 이동이 막힌 폐쇄적인 사회에서는 구성원으로 하여금 '학습된 무력감(learned helplessness)'을 유발한다. 이 개념은 미국의 심리학자 마틴 셀리그먼Martin Seligman의 실험에서 유래했다. 일정한 공간에 가둔 실험 쥐에게 반복적으로 전기 충격을 가하면서 다른 장소로 이동할 수 없게 하면, 쥐는 처음에 다른 곳으로 이동하려고 발버둥치다가 결국 아무리 노력해 봤자 소용없다는 사실을 깨닫고 충격을 견디며 주저앉아 버린다. 이후 도망갈 수 있는 상황을 만들어도, 실험 쥐는 전기 충격을 피하려 하지 않고 도망갈 시도조차 하지 않는다.

이 실험에 비추어, 만약 잉글랜드의 프리미어리그가 하위 리그에 문호를 개방하지 않고 그들만의 리그를 치렀다면 어땠을까? 물론 안정적으로 상위 리그를 운영할 수는 있었겠다. 하지만 하위 리그에서 뛰는 선수 입장에서는 아무리 노력해도 (심지어 해당 리그에서 연속 우승을 하더라도) 그 자리에 머물 수밖에 없는 운명이라면 죽기 살기로 경기를 뛸 힘이 날까? 아무리 발버둥 쳐도 하위 리그에 머물 수밖에 없

레스터 시티 프리미어리그 우승을 기념하는 트로피

다는 학습된 무력감은 경기 질의 저하로 이어질 테고, 저급한 경기는 관중에게 외면받을 것이며, 결국 잉글랜드의 축구 생태계는 자멸했을지도 모른다.

　현재 잉글랜드 축구 리그가 방대한 팀을 보유하고 우수한 선수를 육성하며, 세계 최고 수준의 프로축구 리그를 운영할 수 있게 한 원동력은 바로 상위 리그와 하위 리그 간에 활발한 이동을 보장한 데서 나왔다. 더욱이 레스터 시티처럼 가난한 구단, 이름 없는 구단도 차별받지 않는 곳이 바로 프리미어리그다. 잉글랜드 이외에도 에스파냐, 이탈리아, 독일 등 세계적인 프로축구 리그가 상·하위 리그 간 승강제를 실시하는 데는 다 그럴 만한 이유가 있다. (참고로 우리나라 프로축구 'K 리그'에도 2013년 승강제가 도입되었다.)

살아 있네, 살아 있어! 살아 있는 사회란?

"개천에서 용 난다."는 비록 흙수저로 태어났어도 언젠가 금수저로 업그레이드할 수 있다는 희망을 주는 속담이다. 그러나 지금은 종래의 속담이 "개천에서는 용이 나지 않는다."로 공공연하게 바뀌었을 만큼 안타까운 상황들이 벌어지고 있다. 산업사회부터 뿌리내리기 시작한 천박한 자본주의가 근본도 없는 신분제를 만들어 낸 탓이다.

신분 상승의 욕구가 쉽게 채워지지 않으면 로또나 투기에 기댄 한탕주의가 만연하고, 성형을 통해 운명을 바꿔 보려는 성형 열풍이 불기도 한다. 열심히 일하고 노력해서 신분 상승하는 건전한 욕구를 독려하려면, 개천에서 용이 나야 한다. 개천에서 용이 끊임없이 날아오르는 사회가 '살아 있는' 사회다. 개천에서 날아오르는 용을 부러운 듯 쳐다보는 사람들이 이렇게 말할 수 있는 사회가 되어야 한다.

"나도 노력하면 얼마든지 성공할 수 있다."

PART 2

규칙 :
공정함이 생명이다!

**핸디캡과
공정 경쟁**

함부로 넘을 수 없는 선(線), 오래 머물 수 없는 공간

로테이션 룰과 3초 룰은 왜 생겼나

배구와 농구는 대중적으로 인기가 높은 실내 스포츠다. 그런데 이런 인기에도 불구하고 뜻밖에 사람들이 잘 인식하지 못하는, 배구와 농구의 룰이 존재한다. 오늘은 배구와 농구에 숨은 사려 깊은 룰을 하나씩 소개할까 한다.

6명이 뛰는 배구는 그림과 같이 앞쪽(전위)에 3명, 뒤쪽(후위)에 3명의 선수가 위치한다. 서브권을 따낼 때마다, 선수들은 시계 방향으로

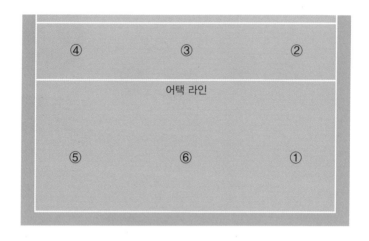

④   ③   ②

어택 라인

⑤   ⑥   ①

자리를 옮겨야 한다. 즉 ②에 서 있던 선수는 ①로, ①에 서 있던 선수는 ⑥으로 자리를 옮겨 가는 식이다. 이것을 '로테이션 룰(rotation rule)'이라고 한다. 이 규칙을 어기면 상대편에게 1점을 주고, 서브권까지 뺏긴다. 코트 중앙을 가로지르는 선을 '어택 라인(attack line)'이라고 한다. 로테이션으로 어택 라인의 뒤쪽에 위치한 선수는 선 앞쪽에서 스파이크(네트 가까이 띄운 공을 상대편 코트로 세게 내리치는 공격)할 수 없다. 공격이 필요할 때는 이 선을 넘지 않은 뒤쪽에서만 할 수 있다.

왜 이런 룰이 생겼을까? 배구는 키 큰 사람에게 절대적으로 유리한 운동이다. 그런데 키 큰 선수가 경기 내내 앞쪽에 있으면, 혼자만 공격하고 상대편의 스파이크를 막는 블로킹까지 전담하게 된다. 팀에서 특정 선수가 공격·수비를 독점하면 다른 선수들의 존재 가치는 자연스럽게 떨어진다. 또 기량이 뛰어난 한 선수가 네트를 점령하는 것

하프라인

페인트 존

자유투
라인

3점 슛
라인

은 상대 팀에게도 맥 빠지는 일이다. 물론 관중도 경기에 흥미가 떨어진다. 이런 이유로 키가 크거나 기량이 뛰어난 선수를 공격하기 어려운 뒤쪽 공간에 주기적으로 물러나도록 강제하는 규칙인 로테이션 룰이 생겼다.

'2m 넘는 상대 선수가 드디어 후위로 갔다. 이때 공격을 열심히 해서 점수를 따야 해.'

이렇게 상대편은 점수를 만회할 기회를 얻는다. 이 룰 때문에 막강한 선수를 보유한 팀이라도 특정 선수에게 절대적으로 의존할 수 없다.

농구에서도 비슷한 취지의 룰이 존재한다. 농구 코트에서 골대 바로 앞 다른 색깔로 칠해진 사각형 모양의 공간을 페인트 존이라고 부른다. 이 공간에서는 공격자·수비자 누구도 3초 이상 머물 수 없다. 그래서 이 규칙을 '3초 룰'이라고 한다. 장신의 선수가 절대적으로 유리한 농구 경기에서 신체 조건이 압도적으로 뛰어난 선수가 골대 앞 공간을 오랫동안 독점하지 못하도록 만든 규정이 바로 3초 룰이다. 이 공간은 키 큰 선수가 쉽게 골을 넣을 수 있고, 리바운드(슈팅한 공이 림이나 백보드에 맞고 튀어 나오는 일)를 잡기에도 유리한 곳이다.

"자칫 3초 바이얼레이션(파울보다 가벼운 규칙 위반으로, 공격권이 상대 편에게 넘어간다)에 걸릴 수 있어. 페인트 존에 너무 오래 서 있지 마."

감독은 작전 시간에 선수들에게 이런 지시를 자주 내린다. 농구 경기를 보면 선수들이 (특히 키가 큰 선수가) 쉴 새 없이 페인트 존을 드나드는 모습을 확인할 수 있는데, 바로 이런 이유 때문이다.

'규제'는 왜 필요한가

스포츠의 다양한 룰을 살피다 보면 우리 사회를 돌아보게 된다. '돈이 돈을 번다'는 자본주의의 속성을 단적으로 표현한 말이다. 치킨집을 예로 들며 자본주의 체제에서 자본의 증식 과정을 살펴보자. 치킨집은 동네 골목에 많이 생긴다. 그만큼 치킨의 수요가 꾸준하다는 뜻이다. 그런데 갑자기 삼성이나 LG 같은 거대 기업이 치킨 사업에 뛰어든다고 가정해 보자. 막대한 자금력을 동원해 치킨 원자재인 생닭을 대량 구매하여 단가를 낮추고, 각종 매체에 고액의 광고료를 자랑하는 연예인을 출연시켜서 자사의 치킨을 무차별적으로 홍보한다. 그리고 골목 구석구석 프랜차이즈 치킨집을 배치한다.

자금 동원력과 영업력이 막강한 대기업이 저렴한 가격으로 치킨을 판매하기 시작하면, 머지않아 기존 영세 치킨 업자들은 고사할 수밖에 없다. 자금 동원력과 대외 홍보력 측면에서 애당초 경쟁이 되지 않는 싸움이다. 결국 치킨 수요에 따른 부가가치는 모두 거대 기업이 독식하게 된다. 이것이 자본주의 체제 안에서 자본이 스스로 증식해 가는 단적인 예다.

여기서 한 발짝만 더 나아가 보자. 치킨 사업에서 재미를 본 대기업이 순대·떡볶이 사업에 진출한다면, 또 두부·콩나물 사업까지 손을 댄다면 어떻게 될까? 관련 업계 영세업자들은 서서히 몰락하고, 최후까지 살아남아 시장을 장악한 대기업은 독점적 지위를 누리며 마침내 상품의 가격 결정력까지 틀어쥘 것이다. 그러면 소비자에게 이득이 될 리 만무하다. 이들은 그동안 시장을 장악하기 위해 감수한 손실을 메우려고 이내 상품 단가를 올릴 테니 말이다.

주목할 점은 이 폐해가 일반 소비자 수준에 그치지 않는다는 데 있다. 치킨, 떡볶이, 두부, 콩나물 등을 파는 수많은 영세업자가 몰락하면 관련 노동자들이 일자리를 잃게 되면서 구매력을 상실한다. 구매력을 상실한 노동자가 넘쳐 나면, 즉 물건을 살 주체가 없어지면 결국 대기업도 무너질 수밖에 없다.

약육강식이 지배하는 시장에서 적자(適者)만 생존하도록 방치하는 것은 공멸하는 지름길이다. 그래서 중소기업이 대기업과 맞설 수 있는 공정한 경쟁의 장이 마련되어야 한다. 하지만 자연 그대로의 상태로는 시쳇말로 게임이 되지 않는다. 공정한 경쟁이 이루어지려면 좀 더 유리한 조건을 선점한 대기업에 핸디캡을 줘야 한다. 최소한 중소

기업이 대기업과 겨룰 만한 힘을 갖출 때까지 대기업은 이를 감수할 필요가 있다. 마치 배구에서 키 크고 강한 공격수가 잠시 후위에 가 있도록 로테이션을 하는 것과 같은 이치다. 그래야 상대편도 싸워 볼 의지를 갖게 되고, 관중도 흥미진진한 게임을 즐길 수 있다. 다시 말해 선수들에게 골고루 전위에서 공격할 기회가 돌아가니, 관중이 좀 더 다양한 플레이를 감상하는 재미를 만끽할 수 있다.

필요하다면 핸디캡을 부여하라!

대기업의 무분별한 사업 진출을 제도적으로 막아 중소기업의 경영 악화를 미연에 방지하려는 '중소기업 적합 업종 제도'는 이런 취지에서 마련되었다. 이명박 정부 때인 2010년 출범한 동반성장위원회는 2016년 기준 치킨, 떡볶이, 두부, 콩나물 등 74개 품목을 중소기업 적합 업종으로 지정하며, 대기업이 당분간 이 분야에는 손대지 못하도록 핸디캡을 부여했다. 이 제도로 대기업의 문어발식 사업 확장, 골목 상권 침해를 억제해 보려는 움직임이었다.

2018년부터 시행되기 시작한 '대·중소기업 상생 협력 촉진에 관한 법률(상생 협력법)'은 대기업이 운영하거나 지분을 가진 ○○○○익스프레스, ○○○에브리데이, ○○슈퍼마켓 등 기업형 슈퍼마켓(SSM)이 재래시장 500미터 이내에 출점할 수 없도록 제한하는 법이다. 마치 배구에서 뛰어난 공격수가 후위에서 어택 라인 안쪽으로 침범하지 못하도록 '공간적' 핸디캡을 부여한 것과 같다.

여기서 더 나아가 밤 12시부터 오전 8시까지 기업형 슈퍼마켓의 영업을 금지하고, 매월 둘째·넷째 주 일요일에는 의무적으로 휴업하도록 조치했다. 이런 조치는 마치 농구에서 페인트 존에 머물 수 있는 시간을 3초로 정하여 '시간적' 핸디캡을 부여한 것과 유사하다. 이렇게 대기업의 영업 조건을 공간적·시간적으로 제한해 핸디캡을 부여한 것은 재래시장의 수많은 영세 상인을 보호하고, 상생의 길을 모색해 보려는 노력의 일환이다.

골프의 '핸디캡'과 공정 경쟁

다소 편파적인 법률과 제도가 자유시장경제 원칙에 어긋나지 않는지 의문을 가지는 이들도 있겠다. 평등권에 위배되지 않느냐고? 다행히 헌법은 그렇게 말하지 않는다.

헌법 제119조 제2항
국가는 균형 있는 국민 경제의 성장 및 안정과 적정한 소득의 분배를 유지하고, 시장의 지배와 경제력의 남용을 방지하며, 경제 주체 간의 조화를 통한 경제의 민주화를 위하여 경제에 관한 규제와 조정을 할 수 있다.

시장을 지배하고 경제력을 남용하면 일부 대기업이 부를 독점할 수 있다. 이를 막기 위해 일정한 "규제와 조정"은 불가피하다는 것이 이 헌법 조항의 취지다. '공정한 경쟁을 통한 상생(相生)'의 다른 이름이 바로 헌법에서 명시한 "경제 주체 간의 조화"다. 한때 뉴스에서 '경제 민주화'라는 단어가 많이 나왔다. 대기업에 쏠린 부의 편중을 법으로 완화해야 한다는 주장을 담은 이 말도 헌법 제119조 제2항에 근거한다.

다시 스포츠로 돌아와 보자. 골프 종목은 다른 스포츠와 달리 '핸디캡'이라는 절묘한 룰이 공식적으로 존재한다. 골프의 핸디캡은 쉽게 말해 평소 실력을 감안해 강자가 페널티 차원에서 스코어를 감하고 경기를 시작하는 방식이다. 약자 입장에서는 스코어를 어드밴티지처럼 덤으로 얻게 되는 셈이다. 이에 골프는 강자가 언제나 이긴다는 보장이 없고, 약자가 늘 진다는 법도 없다. 누구라도 항상 '해 볼 만한 경기'가 된다. 이런 측면에서 보면 골프의 핸디캡 룰이야말로 '스포츠 경기의 민주화'라고 부를 만하지 않을까?

영세한 중소기업이 대기업과 시장에서 겨룰 만한 힘을 갖출 때까지 대기업은 실력이 뛰어난 골프 선수처럼 핸디캡을 끌어안아야 한다. 그래야 중소기업도 '해 볼 만하다'는 희망과 용기를 갖고 경쟁력을 갖출 수 있게 된다. 중소기업이 약육강식의 험난한 시장에서 살아남을 체력을 가졌을 때, 대기업도 비로소 공정한 경쟁 시장에서 더 건강하게 이윤을 추구할 수 있는 법이다. 따라서 강자들은 핸디캡을 끌어안는 일에 인색해서는 안 된다.

희망적이게도 우리 사회는 각종 법률과 제도로 상생을 위한 대기업의 핸디캡 조항을 조금씩 구체화하는 추세다. 더 많은 분야에서 약자를 배려하는 강자의 따뜻한 핸디캡이 늘어나야 한다. 스포츠만큼 공정한 경쟁을 보장하는 영역도 드물다. 스포츠가 지향하는 페어플레이 정신이 우리 사회 곳곳에서도 발휘되었으면 한다.

'FC 바르셀로나'는 잘 키우고, '레알 마드리드'는 잘 뽑는다

인재, 키울까? 데려올까?

'엘 클라시코(El Clásico)'는 에스파냐어로 전통의 경기 혹은 전통의 승부라는 뜻인데, 에스파냐 프로축구 프리메라리가에서는 라이벌 관계인 레알 마드리드와 FC 바르셀로나의 경기를 이른다. 이 두 팀은 리그에서 1, 2위를 다툴 만큼 성적이 뛰어나며 팀에 리오넬 메시[Lionel Messi], 루이스 수아레즈[Luis Suarez] 같은 세계적인 스타플레이어가 즐비하다. 두 팀 간의 경기는 자국은 물론, 지구촌 축구팬들의 관심이 쏠리

라이벌 관계인 레알 마드리드(왼쪽)와 FC 바르셀로나(오른쪽)의 로고

는 매우 흥미로운 이벤트다.

"내일 새벽에 엘 클라시코가 열리지? 새벽에 일어나서 TV 중계를 시청하려면 저녁에 일찍 자 두는 게 좋겠어. 아니면 밤새울까?"

"이번에는 누가 이길까? 요즘 FC 바르셀로나가 상승세인데, 레알 마드리드 정도면 그 기세를 잠재울 수 있겠지?"

우리나라에서도 축구를 좋아하는 사람들은 엘 클라시코가 열릴 즈음이면 그전에 열린 경기를 분석하거나, 승부를 예상한 뒤 생중계로 경기를 지켜본다. 이처럼 사람들은 각 팀을 향한 관심과 애정을 저마다의 방식으로 표현한다.

그렇다면 이 두 구단이 프리메라리가에서 줄곧 1·2위를 다투며, 실력과 인기를 겸비한 구단으로 오랫동안 군림하는 비결은 무엇일까?

다양한 이유가 있겠지만, 여기서는 두 구단이 선수를 운영하는 방식에서 그 이유를 찾아보려고 한다. 일단 FC 바르셀로나에는 '칸테라(cantera)'라는 선수 육성 프로그램이 존재한다. 칸테라는 에스파냐어로 '채석장' 또는 '용도에 따라 다듬어 놓은 돌'을 일컫는 말로, 재능있는 어린 선수를 일찌감치 발굴해 구단이 직접 운영하고 관리하는 유소년 팀에서 뛰도록 하는 시스템이다. 그들은 점차 성인 팀의 주력 선수로 성장한다.

칸테라 시스템은 마치 채석장에서 원석을 발견해 내듯, 잠재력이 뛰어난 인재를 발굴하여 육성하는 데 초점을 둔다. 이들은 시스템에 따라 어린 시절부터 함께 많은 경기를 뛰면서 호흡을 맞췄기 때문에 타 구단보다 조직력이 탄탄하다. FC 바르셀로나가 짧고 정확한 패스로 공의 점유율을 높이는 스타일의 경기를 추구하는 것도 여기에 기인한다.

반면에 레알 마드리드는 전통적으로 '갈락티코(galáctico)'를 고수한다. 에스파냐어로 '은하수'라는 뜻을 지닌 갈락티코는 채석장에서 원석을 찾기보다는 이미 잘 다듬어져 빛을 내는 보석을 직접 취하는 시스템이다. 구단은 타 구단이나 타국 리그에서 월등한 실력을 뽐내는 스타플레이어라면 인종, 국적, 과거 행적 등과 관계없이 고액의 이적료를 지불하고 선수를 영입한다.

이에 레알 마드리드에는 이름만 들어도 탄성이 나올 법한 특급 선수가 유독 많다. 2000년대 이후 스쳐 간 선수만 따져도 루이스 피구Luis Figo, 지네딘 지단Zinedine Zidane, 데이비드 베컴David Beckham, 크리스티아

레알 마드리드를 거쳐 간 특급 선수 크리스티아누 호날두가 2018년 유벤투스 FC의
선수로 활약하는 모습

누 호날두 등 가히 '지구 특공대'로 불리기에 손색없는 수준이다. 마치
별이 한데 놓인 찬란한 은하수처럼, 반짝반짝한 스타플레이어를 끌어
모은 레알 마드리드는 늘 좋은 성적을 거둔다. 그들은 팀 전술에 의존
하기보다는 뛰어난 개인기로 상대방을 압도하고, 화려한 플레이로 관
중을 매료한다. 은하수처럼 빛나는 인재를 모으는 레알 마드리드의
선수 등용 시스템은 그야말로 갈락티코다.

　이처럼 극명히 나뉘는 두 구단의 선수 기용과 육성 방식은 성적이
말해 주듯 어느 것이 더 낫다고 단언할 수 없을 만큼 서로 다른 색깔
을 지닌다. 굳이 한마디로 표현하자면, 'FC 바르셀로나는 선수를 잘
키우고, 레알 마드리드는 훌륭한 선수를 단박에 잘 뽑는다'.

인재를 잡아라! 스포츠의 선수 기용 방식

현대 스포츠에서는 팀에 필요한 선수를 기용하는 것이 매우 중요하다. 감독의 작전과 구단의 재정적 지원도 물론 중요하지만, 결국 스포츠에서 성적을 좌우하는 결정적 요인은 사람, 즉 경기를 뛰는 선수의 능력이다. 그렇다면 다른 스포츠 구단은 칸테라나 갈락티코 같은 시스템 이외에 또 어떤 방법으로 능력 있는 선수들을 기용할까?

첫째, '드래프트(draft)' 방식이다. 프로야구, 프로배구, 프로농구 등 스포츠 리그에서 각 팀이 뽑고 싶은 신인 선수를 지명하는 방식인데, 드래프트에 참가한 신인 선수들은 과거 아마추어 경기 성적을 바탕으로 순위가 매겨진다. 프로 구단은 높은 순위에 올라 있는 선수를 데려가고 싶어 하며, 보통은 전년도 시즌 성적이 낮은 팀에 (배려 차원에서) 선수 선택권을 먼저 주거나 팀별로 돌아가면서 선수를 지명한다.

드래프트는 기량이 뛰어난 인재를 독차지하려고 팀 간에 스카우트 과열 경쟁이 벌어지는 현상을 방지하기 위해 도입한 제도다. 다만 경기 경험이 별로 없는 선수는 아무리 실력이 뛰어나도 드래프트에 참여하기가 어렵고, 설사 참여하더라도 프로 구단의 지명을 받기 어렵다는 문제가 있다.

둘째, '트라이아웃(tryout)' 방식이다. 연습 경기로 선수의 기량을 확인하고 영입을 결정하는 제도다. 쉽게 말해 선수 선발을 위한 공개 입단 테스트다. 수많은 연습 경기를 통해 모든 선수에게 공평한 기회를 부여하며 오로지 구단 관계자의 눈앞에서 펼쳐 보이는 실력만으로 선수를 선발하기에, 매우 공정한 인재 등용 방식이라고 할 수 있다.

셋째, '플래툰(platoon) 시스템'이다. 야구에서 같은 포지션에 엇비슷한 능력의 선수를 2~3명 놓고 번갈아서 경기를 뛰도록 하는 방법이다. 굳이 기량이 월등한 선수를 가려내지 않고, 당일의 경기 상황에 따라 적재적소에 선수를 투입하여 최상의 능력을 발휘하도록 하는 시스템이다. 동일 포지션에 여러 선수를 골고루 기용함으로써 선의의 경쟁을 유도해, 각각 선수의 기량이 향상되는 효과가 있다.

조선의 인재 등용 설명서

스포츠뿐 아니라 역사를 살펴보면 시대를 불문하고 국가에 힘쓸 인재를 바르고 공평히, 적절히 등용하기 위한 시도가 이어졌다는 사실을 알 수 있다. 지금부터 조선의 역사를 되돌아보며 오늘날에도 적용해 볼 만한 '인재 등용 설명서'를 작성해 보고자 한다.

첫째, 오로지 능력과 실력만 따져라. 태종 때 도천법(道薦法)이라는 인재 추천 제도가 생겼다. 신분 고하를 따지지 않고 인재를 발탁하는 법이었다. 천민 출신의 장영실이 세종 때 수많은 과학적 성과를 내게 된 것도 이 법 덕분이었다. 도천법은 레알 마드리드의 갈락티코와 기본 방식이 매우 유사하다.

특히 세종은 능력 위주의 인재 등용을 한 것으로 유명하다. 서자 출신에 뇌물 수수, 간통 등 당시로써는 용납할 수 없는 과오를 안고 있던 황희를 오로지 능력만 보고 신임하여 훗날까지 이름을 떨치게 한 것이 대표적인 사례다. 레알 마드리드에 스타플레이어가 한꺼번에 모이듯, 세종 때 인재가 유독 많이 배출된 이유는 세종의 탁월한 인재 등용 방식이 밑바탕이라는 것이 역사학자들의 중론이다.

둘째, 모든 사람을 치우침 없이 골고루 활용하라. 영조, 정조가 펼친 '탕평책(蕩平策)'은 너무도 유명하다. 두 왕은 붕당 간의 정치적 싸움이 치열해지자 모든 붕당이 정치에 골고루 참여할 수 있는 탕평책을 실시했다. 앞서 말한 야구의 플래툰 시스템에 견줄 만한 정책이다. 그 덕분에 여러 당파 가운데 능력 있는 인물들이 골고루 뽑혀서 영·정조의 개혁 정치를 이루어 내는 데 커다란 역할을 했다.

셋째, 모든 사람을 차별 없이 평등하게 뽑아라. 광해군 때 허균은 「유재론」이라는 글을 통해 바람직한 인재 등용 방법을 다음과 같이 제시했다.

조선에 들어와서는 인재를 등용하는 길이 더욱 좁아져, 대대로 벼슬하던 명망 높은 집안이 아니면 높은 벼슬에는 오를 수 없었고, 암혈(巖穴, 바위굴)이나 띠집(초가집)에 사는 선비라면 비록 기재(奇才)가 있어도 억울하게도 쓰이지 못했다. 과거 출신이 아니면 높은 지위에 오를 수 없어, 비록 덕업(德業)이 매우 훌륭한 사람도 끝내 경상(卿相)에 오르지 못한다. 하늘이 재능을 부여함은 균등한데, 대대로 벼슬하던 집안과 과거 출신으로만 한정하고 있으니 항상 인재가 모자람을 애태움은 당연하리라.

허균은 곳곳에 존재하는 인재들이 등용되지 못하는 현실을 비판했다. 스포츠에 빗대면, 실효성 없는 "대대로 벼슬하던 집안과 과거 출신으로만 한정"된 드래프트보다 누구든 참여할 수 있는 트라이아웃을 실시해서 ("암혈이나 띠집에 사는 선비" 중에서도) 재능 있는 인재를 발굴하자는 뜻이다.

넷째, 인재가 없다고 하지 말고 키워 내라. 세종은 국가와 백성을 위해 하고 싶은 일이 많았다. 그의 일을 도와줄 유능한 인재도 많이 필요했다. 세종은 인재를 잘 뽑아 쓰기도 했지만, 집현전을 세우고 예비 인재를 육성하기도 했다. 집현전(集賢殿)은 직역하면 '인재를 모아 놓은 장소'라는 뜻이다. 현대적인 개념으로 하면 '인력 풀(pool)'이라고 할까? 집현전은 FC 바르셀로나의 칸테라와 매우 유사하다. 젊고 장래가 유망한 예비 인재들을 모아 국가적 인재로 양성한 것이다.

세종 때 장원 급제한 강희맹도 세종과 더불어 인재 발굴보다 육성의 중요성을 역설했다. 그는 "세상에 완전한 사람은 없다. 하지만 만들어 낼 수는 있다. 먼저 사람을 기용한 뒤 키워 내면 된다. 또한 개인의 능력을 키울 수 있는 환경을 만들어 주는 것이 중요하다."라고 말했다.

칸테라, 갈락티코, 드래프트, 트라이아웃, 플래툰 시스템 등은 좋은 성적을 내기 위해 실력이 뛰어난 인재를 선발하고 기용하려는 구단의 체계적인 시스템이다. 그런데 우리 역사를 훑어보면 현대 스포츠의 선수 선발·기용 방식은 선조들이 일찌감치 시도한 인재 영입 방법과 유사하다는 사실을 알 수 있다. 우리가 선조에게서 물려받은 '인재 등용 설명서'가 스포츠 영역뿐 아니라 현대사회의 다방면에서 유용하게 활용되기를 바란다.

스로인할 때
공을 양손으로 던져야 하는
이유는?

영원한 규정은 없다

축구 규칙 가운데 하나인 '스로인(throw-in)'은 공이 선수의 몸에 닿고 터치라인(경기장의 좌우측 한계선)을 벗어나면, 상대 팀 선수가 두 손을 이용해 경기장 안으로 공을 던지는 공격 방식이다. 그런데 스로인할 때는 반드시 '양손'으로 공을 던져야 한다. 한 손과 양손이 무슨 차이가 있냐고? 양손으로 던지면 한 손으로 던질 때보다 공이 멀리 나가지 않는다. 팔을 휘두르는 동작 범위에 제한이 생겨서, 공에 가해

지는 에너지가 작아지기 때문이다.

스로인할 때 공을 멀리 던지지 못하도록 제한하는 조건은 또 있다. 공을 던지는 순간 양발이 땅에 붙어 있어야 하며, 던진 공이 반드시 머리 위를 지나가야 한다. 이렇게 하면 어깨 근육의 힘을 온전히 공에 전달할 수 없다. 또 스로인으로 공이 골대로 들어갔더라도, 다른 선수를 거치지 않았다면 골로 인정되지 않는 규정도 존재한다. 이로써 스로인의 공격성은 현저히 낮아졌다.

자, 이제 왜 스로인 규정이 엄격한지 생각해 보자. 선수가 여러 동작으로 공을 던질 수 있으면 더욱 공격적인 축구가 되고, 골이 더 많이 나와서 지금보다 훨씬 재미있는 경기가 가능할 것이다. 하지만 지금의 규정이 생겨난 데는 사연이 있다.

스로인을 두 손으로 던지도록 규정을 손본 것은 1882년 무렵이다. 당시 축구 종가 영국에 윌리엄 건^{William Gunn}이라는 선수가 있었다. 크리켓 선수로도 활동한 그는 어깨가 유달리 강해서, 스로인으로 무려 54m까지 축구공을 던졌다. 급기야 스로인으로 직접 골을 노리는 경우까지 생기면서, 건의 스로인 공격은 상대편에게 매우 위협적인 무기가 되었다. 손발을 동시에 사용해서 공격하는 그는, 다른 선수가 봤을 때 우월한 능력을 갖춘 별종이었다.

축구는 발로 공을 차는 것이 기본 공격 방법이고, 던지기는 자연스러운 플레이를 위한 보조 공격 수단에 불과하다. 하지만 그는 오히려 던지기를 효과적인 공격 수단으로 활용했다. 축구 경기의 본말이 뒤바뀌는 상황을 그대로 방치할 수는 없는 법. 월등한 스로인 능력을 갖춘 윌리엄 건이라는 선수에게서 촉발한 이 문제는, 결국 규정을 개정함으로써 축구를 '손'이 아닌 '발'에 집중하는 경기가 되도록 만들게 되었다.

하지만 공을 멀리 던질 수 없도록 까다롭게 재정비한 규정에도 불구하고, 여전히 40m 이상 던질 수 있는 선수가 최근까지 존재했다. 영국 프로축구 프리미어리그에서 인간 투석기라는 별명을 가지고 활약한 로리 델랍^{Rory Delap}이 바로 그 주인공이다. 팬들은 그의 스로인에 열광했지만, 당시 아스널 FC의 감독이었던 아르센 벵거^{Arsene Wenger}는 델랍의 활약으로 패배하자 큰 불만을 터뜨렸다. "불공평한 스로인을 축구 경기에서 없애든지, 델랍을 프리미어리그에서 퇴출해야 한다."

벤치에서 지켜보는 상대편 감독이 이 정도였으니, 상대편 선수들은 공을 자유자재로 멀리까지 던지는 그를 지켜보며 어떤 생각을 했을까? 공을 발로 차는 것 이상으로 멀리 던질 수 있는 능력까지 겸비한 선수를 보며 상대적 박탈감을 느끼지는 않았을까? 그러면 델랍을 퇴출해 공정한 경쟁을 펼치자고 주장한 벵거 감독은 정의의 사도일까, 아니면 특출한 능력을 갖춘 상대편 선수를 시기한 옹졸한 감독에 지나지 않을까? 또 델랍 같은 특출한 능력을 가진 선수가 여러 명 나오면, 스로인 규정을 다시 손봐야 할까? 생각해 볼 문제가 한둘이 아니다.

국회의원이 세종 대왕에게 본받아야 할 점은?

국회의원의 가장 중요한 임무는 '입법'이다. 즉 국회는 '법을 만드는 기관'이다. 한 시민 단체가 국회의원의 직무 능력을 평가한 보고서에는, 후보 시절 내세운 공약을 이행한 정도, 국회 출석률, 국민과의 소통 노력, 공직자로서의 청렴도 등 다양한 평가 지표가 활용되어 있다. 그중 가장 비중 있는 평가 지표가 바로 국회의원 임기 중 법률안 발의 건수이다. 법률을 만드는 일은 국회의원의 주요 임무이자 능력인 까닭이다.

'법'이 늘 완전무결한 것은 아니다. 미처 법이 살피지 못한 사각지대는 분명 존재하고, 예상치 못한 예외적 상황이 발생할 수도 있다. 따라서 법률은 필요에 따라 개정되어야 하며, 아예 새로운 법률을 만들어야 할 때도 있다. 이런 의미에서 법률 제·개정은 국민의 삶에 법이 미치지 않는 사각지대를 찾아 이를 해소하는 일이라고 볼 수 있다. 무엇보다 이는 법의 보호를 받지 못하는 시민을 구제하여, 사회정의를 실현하는 데 필요한 조치를 강구하는 역할도 한다. 따라서 국회의원이 법률안을 많이 발의했다는 것은, 그만큼 일상의 불합리한 허점이나 모순점을 찾으려 노력했다는 방증이다. 이는 한마디로 그들이 민생을 꼼꼼히 챙기고 살폈다는 뜻이다.

민생을 자식처럼 챙겼다고 알려진 세종의 일화를 살펴보자. 세종 30년, 상소문을 읽던 세종은 근심 어린 표정을 짓는다. 상소문의 내용이 너무 놀라웠기 때문이다.

"노비들이 죄를 지어 감옥에 가면, 그 노비의 어린 자식과 늙은 부모는 돌볼 사람이 없어 끼니를 잇지 못해 굶어 죽는 일이 허다해 길거리에 백성들의 시체가 나뒹굴고 있습니다. 또한 이번 여름의 무더위가 유난히 심하여서 감옥에 있는 죄인들이 더위를 견디지 못하고 병들거나 죽어 나가고 있으니, 백성의 통곡이 하늘을 찌르고 있습니다, 전하."

세종은 이 상소문을 계기로 형법의 사각지대를 발견하게 된다. 법의 보호를 받지 못한 노비와 죄수를 걱정한 세종은 다음과 같은 내용의 명(命)을 내린다.

"각 도 관찰사에게 고한다. 올해는 유난히 더위가 심하니 유배형이하 죄수는 모두 사면하고, 또 석방되지 않은 죄수는 옥에서 더위 때문에 죽거나 병나지 않게 잘 돌봐주도록 하라. 또한 홀아비나 과부인 죄인의 어린 자식들은 관가에서 거두어 보호하며, 유배 중인 죄인 가운데 늙은 부모가 있는 자에게는 1년에 한 번 부모를 만날 수 있도록 휴가를 주고, 그 휴가 일수를 복역 일수에 합하도록 하라."

이후 어명은 곧 법이 되었다. 노비를 사적인 재물로 인식하던 조선 시대 초기에 이토록 파격적인 조치를 내린 것은 역시 성군 세종이기에 가능한 일이다. 특히 조선 시대에 이미 죄인과 그 가족의 어려움을 헤아려 새로운 제도를 만들고 시행했다는 사실은 세종이 민생을 얼마나 살뜰히 챙겼는지를 잘 보여 준다.

공정하고 정의로운 사회를 위한 법률 제정

축구 선수 윌리엄 건 이야기를 다시 살펴보자. 그는 보통의 축구 선수가 가지지 못한 놀라운 던지기 능력을 지녔고, 이는 축구 본연의 규칙을 훼손하기에 이르렀다. 그래서 예외적인 능력을 가진 윌리엄 건과 같은 선수들을 견제하기 위해 새로운 규정을 만들었다. 축구 본연의 경기 규칙을 위협하는 또 다른 예외가 나타난다면 또다시 규정을 개정하게 될 것이다. 비슷한 취지로, 사실 모든 스포츠 경기의 룰은 조금씩 변해 가고 있다. 공정한 경기를 위해서 말이다.

다시 조선 시대를 살피면, 세종은 당시 형법이 노비를 전혀 배려하지 않음을 깨달았다. 상소문에 적힌 내용은 어느 한 개인이나 일시적인 문제가 아니라, 계속해서 많은 노비에게 일어날 수 있는 일이었다. 이에 세종은 새로운 제도가 필요함을 깨닫고 즉시 법을 개정했다.

현대사회도 구성원 누구에게나 공평하게 적용되고, 특수한 경우까지 모두 포괄하는 새로운 법률이 지속적으로 필요하다. 몇 년 전인 2014년 2월, 서울 송파구에 사는 세 모녀가 생활고로 고생하다가 방 안에서 번개탄을 피워 놓고 동반 자살한 일명 '송파 세 모녀 사건'은 복지의 사각지대를 적나라하게 보여 준다. 세 모녀는 질병을 앓았으며, 수입이 전혀 없어 극심한 생활고에 시달렸다. 그들은 세상에 빚을 지기 싫어서 공과금을 제때 냈는데, 그 이유로 구청에서는 세 모녀가 도움받아야 할 복지 대상자라는 사실을 알 수 없었다. 그들이 신청한 복지 지원도 법이 지정한 요건에 해당하지 않아 번번이 거절되었다. 법적 요건에 해당하지 않는다고 예외의 경우를 받아들이지 않은 것이다. 그렇게 세 모녀는 국가나 자치단체로부터 어떤 도움도 받을 수 없는 상태로, 결국 마지막 집세와 공과금 70만 원을 남기고 세상을 떠났다.

이 안타까운 사건을 계기로 취약 계층 지원 제도의 사각지대가 여실히 드러났다. 이에 복지 제도를 개혁해야 한다는 여론이 거세졌고, '세 모녀법'이라는 별칭을 가진 '국민 기초 생활 보장법 개정안'이 상정되어 2014년 국회에서 통과되었다. 비록 더 보완할 부분이 있지만, 복지 지원금의 지원 범위를 넓히고 빈곤 가정을 찾으려는 노력을 더욱 강화한 것은 사실이다. 복지 사각지대에 가려진 많은 사람을 행정적·제도적으로 구제할 수 있는 길이 활짝 열렸다.

스포츠의 '규정'은 공정한 경기를 위한 행동 지침이다. 그리고 이 규정은 현실에서 적용되는 각종 법이나 규칙, 규약 등과 동일한 속성을 지닌다. 법, 규칙, 규약은 윌리엄 건의 경우처럼 예외적 상황이 계

속 발생하면, 약자를 보호하고 공정한 사회를 실현하는 방향으로 개
정된다.

법, 규칙, 규정은 인간이 공평하게 살아가도록 제도적으로 그 방향
을 정해 놓은 틀이다. 따라서 현재 우리에게 적용되는 법과 규정이 모
든 사람을 아우르는지에 대한 고민은 항상 필요하다. 윌리엄 건의 등
장으로 스로인 규칙을 바꾼 이유는, 언젠가 '제2의 윌리엄 건'이 나타
날 가능성에 대비한 것이다. 조선 시대에도 법의 테두리 밖에서 고통
받는 사람들은 항상 존재했고, 현대사회에도 생활고에 시달리는 '세
모녀'가 곳곳에 살고 있다. 법적 요건을 충족하지 못해 생활고를 감내
할 수밖에 없는 이들이 얼마나 더 있는지 모를 일이다.

약자를 보호하는 수많은 법과 제도가 있어도 법의 테두리 밖에서 고통받는 사람은 여전히 존재한다. 우리는 그들에게 지속적인 관심과 주의를 기울여야 한다. 스포츠 규칙은 마치 유기체처럼 끊임없이 변해 간다. 그래서 스포츠가 오랫동안 대중에게 사랑받고 있는지도 모른다. 공정하고 정의로운 사회를 구현하려면 권위적인 법률 전문가도 때로는 대중적인 스포츠에서 배워야 하는 '법'이다.

동영상 함께 보기

로리 델랍의 가공할 스로인 공격
영국 프리미어리그에서 활약했던 로리 델랍 선수는 스로인 공격을 할 때 공을 무려 40미터 이상 던지기도 하였다.

유무상생
(有無相生)

패럴림픽,
상극에서 조화로 가는 길

장애인 선수와 가이드 러너의 아름다운 조화

2018년 2월 25일, 한 달간 숨 가쁘게 이어진 평창동계올림픽의 막이 내렸다. 우리나라는 금메달 5개, 은메달 8개, 동메달 4개 등 선수들의 값진 성과로 종합 순위 7위에 올랐다. 특히 불모지나 다름없던 종목인 스켈레톤에서 금메달, 컬링과 봅슬레이에서 은메달을 따내며 동계 스포츠의 새 지평을 열었다는 평가를 받기도 했다. 그런데 사실 평창동계올림픽은 2월에 끝난 게 아니다. 올림픽이 막을 내리고 나서

2018 평창동계패럴림픽 개회식 축하 공연

곧이어 패럴림픽이 이어졌기 때문이다. 평창동계패럴림픽은 올림픽
이 끝난 뒤인 3월 9일부터 18일까지 같은 장소에서 열렸다.

패럴림픽(Paralympics)은 신체장애인의 국제 스포츠 대회로, 1960
년 로마올림픽부터 올림픽 개최지에서 올림픽이 끝난 뒤에 개최되기
시작했다. 처음에는 '하반신 마비'라는 뜻의 '패러플리직(paraplegic)'
과 '올림픽(Olympic)'을 합쳐 패럴림픽이라고 불렸지만, 점차 참가 선
수층이 넓어지면서 현재는 패러플리직이 '동등한'을 뜻하는 '패럴렐
(parallel)'로 바뀌었다.

패럴림픽은 별도의 종목을 따로 두고 있으나, 올림픽 종목을 그대
로 가져온 경우도 많다. '스키'가 대표적이다. 스키는 급한 경사를 빠
르게 내려오는 '알파인'과 평지와 경사가 반복되는 장거리를 이동하
는 '노르딕(바이애슬론·크로스컨트리 스키)'으로 나뉘는데, 패럴림픽에서

이 두 종목이 모두 열린다. 그런데 패럴림픽에서는 놀랍게도 시각 장애인이 알파인·노르딕 스키에 참가한다. 위험해 보이는 스키를 앞을 제대로 보지 못하는 시각장애인이 어떻게 다치지 않고 안전하게 탈 수 있을까?

스키 슬로프 꼭대기에 위치한 출발선. 한 시각장애인 선수가 초조하게 출발 신호를 기다린다. 드디어 출발 카운트다운이 시작된다. 5, 4, 3, 2⋯ 이때 카운트가 채 끝나기도 전에 느닷없이 스키를 타고 선수 앞으로 먼저 치고 내려가는 사람이 보인다. 그리고 곧바로 출발을 기다리던 시각장애인 선수가 출발한다. 앞서 출발한 사람은 오렌지색 조끼를 입고 있으며, 선수가 그 뒤를 바짝 뒤쫓기 시작한다.

"선수 앞으로 먼저 치고 나가는 저 사람은 누구야?"

"오렌지색 조끼를 입은 사람? 가이드 러너(guide runner)지."

"그래서 조끼에 'G'라고 표시해 놓았군."

이처럼 경기에 나선 시각장애인 선수가 무사히 레이스를 마칠 수 있는 데는 가이드 러너의 역할이 절대적이다. 아예 앞을 볼 수 없는 선수는 코스나 장애물을 시각적으로 전혀 인지할 수 없기 때문에 가이드 러너의 도움을 받는다. 가이드 러너는 스키를 함께 타고 내려가며 선수가 가야 할 코스를 안내한다. 그뿐만 아니라 선수가 출발 지점에 들어섰을 때 손발이 선을 넘지 않도록 도와주고, 경기 중에는 부상당하지 않고 안전하게 도착 지점까지 내려갈 수 있도록 신호를 보낸다.

신호를 '보내기'만 하는 것이 아니다. 반대로 선수의 신호를 '받기'도 한다. 그래서 선수와 가이드 러너는 무선 마이크로폰을 착용한 상

2018년 3월 17일 강원도 평창 바이애슬론센터에서 열린 2018 평창동계패럴림픽 크로스컨트리 스키 남자 10km 클래식 시각장애 경기에서 국가대표 최보규 선수가 가이드 러너 김현우와 언덕을 오르고 있다.

태로 경기에 참가한다. 그들은 블루투스로 출발선에서 도착 지점까지 끊임없이 의사소통한다. 가이드 러너는 연결된 마이크로 슬로프 지형의 변화, 게이트(알파인 스키의 회전 경기에서 코스를 설정하기 위해 세운 깃발) 순서, 적절한 턴의 속도 등 자신이 아는 모든 정보를 선수에게 전달한다.

　장애인 선수의 안전상 이유로 가이드 러너 관련 규정은 매우 엄격한 편이다. 국제장애인올림픽위원회(IPC)는 경기의 특성에 따라 가이드 러너에 대한 다양한 규정을 정해 놓고 있다. 스키의 경우 가이드 러너와 선수는 신체적 접촉이 있으면 실격되기 때문에 서로 떨어져 레이스를 펼쳐야 한다. 하지만 두 사람의 거리가 너무 멀어지면 선수의 안전 문제가 발생할 가능성이 있어서, 종목에 따라 적당한 거리를 유지해야 한다. 또한 가이드 러너도 반드시 모든 게이트를 통과해야 하며, 하나라도 놓치면 두 명 모두 실격된다. 이런 엄격한 규정을 지키면서 한 몸처럼 움직여 좋은 성적을 거두는 데 가장 필요한 것은 두 사람의 일치된 호흡이다. 이처럼 완벽한 호흡을 이루기 위해 가이드 러너를 숙련된 스키 선수 출신으로 선발하는 경우가 많다.

스포츠에서 누군가의 도움을 받아 자신의 기량을 펼치는 종목은 거의 없다. 동계패럴림픽에서도 다른 사람의 도움을 받는 종목은 드물다. 하지만 알파인 스키, 바이애슬론, 크로스컨트리 스키 이 세 종목은 한 선수가 다른 사람의 도움을 받아 경기를 진행하는 방식을 채택하고 있기에 종종 감동적인 장면이 연출되곤 한다. 가이드 러너가 선수의 부족한 부분을 채우는 과정이 감동을 선사하는 것이다. 장애인 선수는 가이드 러너의 도움을 받아 올바른 방향으로 안전하게 달려갈 수 있으며, 가이드 러너는 선수가 스스로 무사히 완주할 수 있도록 일정한 거리를 두고 그를 조력한다. 이들의 레이스는 둘의 마음이 합쳐지는 순간 완성된다. 이렇게 장애인과 비장애인이 조화를 이루어 마치 한 몸처럼 코스를 질주하는 모습은 관중에게 묘한 감동을 준다.

상극처럼 보이지만 조화를 이루다

상대적으로 보이는 것이 조화를 이룰 때 아름다움을 느끼는 현상을 동양철학은 '유무상생(有無相生)'이라는 말로 설명한다. 유무상생이란 중국의 대표적 도가(道家) 사상가인 '노자(老子)'가 말한 개념이다. 노자가 자신의 저서인 『도덕경(道德經)』에서 '있다'는 개념은 '없다'는 것을 전제로 했을 때에만 드러나며, 세상 만물의 이치를 상대적인 관점에서 봐야 한다고 주장한 데서 유래한다. 즉 '선(善)'이라는 개념도 '악(惡)'이라는 개념 없이는 존재할 수 없으며, 어렵고 쉬운 것, 길고 짧은 것, 높은 것과 낮은 것, 앞과 뒤는 서로가 없으면 비교할 대상이 없기에 존재할 수 없다는 것이다.

유무상생 사상은 세상에 존재하는 모든 개념이 상대적이라는 사실을 이야기하고, 전혀 다른 현상으로 보일지라도 조화를 이룬다는 점을 강조하고 있다. 이와 같은 맥락에서 패럴림픽의 시각장애인과 가이드 러너가 함께 달리는 모습은 장애인과 비장애인의 유무상생 조화를 보여 준다. 이 아름다운 조화를 이루어 낸 보상이랄까? 패럴림픽에서는 시각장애인 선수뿐만 아니라 가이드 러너에게도 똑같이 메달을 수여한다. 그야말로 선수와 가이드 러너를 둘이 아닌 하나로 여기는 것이다.

불교에서는 이를 '자타불이(自他不二)'라는 말로 표현한다. 이는 나와 남은 둘이 아니라는 뜻으로, 남을 내 몸과 같이 느끼고 생각한다는 점에서 불교 사상의 핵심이라고 할 만하다. 다시 말해 남을 위하는 일이 곧 나를 위하는 일이라는 의미인데, 이것은 불교의 자비(慈悲)와도 자연스럽게 연결된다. 불교에서는 일체의 존재가 시공간적으로 연계되어 존재하기도 하고, 또 소멸한다고 말한다. 만물이 상호 의존성을 가졌다고 보는 것이다. 이것이 곧 불교의 '연기설(緣起說)'로서 (마치 장애인 선수와 가이드 러너가 레이스 내내 음성을 주고받도록 무선 연결되었듯) 나와 타인은 생명의 고리로 연결된 하나라는 뜻이다.

패럴림픽, 장애인 올림픽이 아니라 '동등한' 올림픽

장애인을 신체나 정신에 이상이 있는 비정상적인 사람이라고 여기던 과거에는 장애인의 반대말이 '비장애인'이 아닌 '정상인' 혹은 '일반인'이었다. '장애인'이란 말 속에 이미 '비정상, 불완전, 특수' 등의 인식이 들어 있던 것이다. 결론적으로 비장애인이 장애인을 바라보는 시선에는 '신체나 정신이 비정상이어서 불완전해 일반적이지 않은 사람'이라는 생각이 담겼음을 의미한다. 더 나아가 사람들은 '정상인' 같은 용어를 사용하며 장애인과 자신을 가르고, 자신이 (그들과 다르게) '정상'임을 언어적으로 어필했다. 대상을 언어로 가를 때는, 대상을 인식하는 주체의 욕구나 세계관이 크게 작용한다. 언어의 사용 주체는 그 언어에 담긴 의미대로 사고하고 행동한다. 양자를 정상과 비정상의 관계로 파악하면 두 대상은 상극이 될 수밖에 없다. 왜 패럴림픽이 초창기에 '하반신이 마비된(paraplegic)' 사람들의 올림픽을 뜻하는 것이었는지 생각해 보면 문제점이 분명해진다. 정상과 비정상을 나누는 이분법적 태도가 단어 뜻 안에 이미 숨어 있었던 것이다.

직사각형 띠 모양의 종이를 한 번 꼬아서 끝과 끝을 연결하면 '뫼비우스의 띠'가 만들어진다. 이렇게 만들어진 띠는 앞면과 뒷면의 구별이 없고 좌우의 방향을 정할 수도 없다. 뫼비우스의 띠를 따라가다

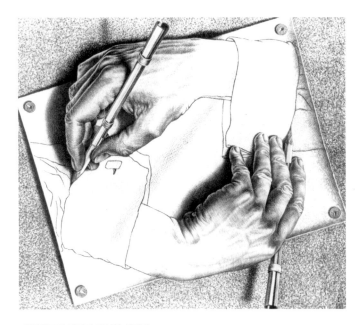

네덜란드의 판화가 에셔의 석판화

보면 앞면이 어느새 뒷면이 되고, 뒷면은 앞면이 된다.

'앞'과 '뒤'를 절대적으로 구별하려고 하면 앞과 뒤는 상극이 될 수밖에 없지만, 종이를 살짝 꼬아 버리듯 우리의 생각을 유연하게 한 번만 꼬아 버릴 수 있다면 뫼비우스의 띠처럼 상극처럼 보이는 대상도 어느새 조화롭게 바라볼 수 있다. 네덜란드의 판화가 에셔Maurits Cornelis Escher는 뫼비우스의 띠가 품은 함의를 근거로 위와 같은 석판화를 남겼다. 서로 그림을 그리고 있는 두 손을 은유적으로 활용했는데, 세상을 조화롭게 구성하는 동등한 존재로 해석할 여지를 남긴다.

패럴림픽이 그 어떤 불편부당함 없이 누구에게나 '동등한(parallel)' 올림픽으로 변화한 이유는 장애인과 비장애인을 상극으로 보지 않으려는 우리 시대의 건전한 인식 전환의 결과일 것이다.

동영상 함께 보기

2018 평창동계패럴림픽에서 펼쳐진 감동의 역주, 가이드 러너

2018 평창동계패럴림픽 알파인 스키 시각장애 부문에 출전한 국가대표 양재림 선수가 가이드 러너 고운소리와 감동적인 경기를 펼치고 있다.

'희생'이 있어
더 재미있는 스포츠?

선수의 희생으로 빛났던 그날의 경기

1982년 세계야구선수권대회(2001년부터 '야구 월드컵'으로 이름이 바뀜) 결승전. 숙적이자 라이벌, 한국과 일본이 세계 강호들을 물리치고 잠실 야구장에서 맞닥뜨렸다. 초반에 2점을 실점하고 경기 종반까지 0 대 2로 뒤처지고 있어 패배의 그림자가 짙게 드리울 즈음, 기적 같은 8회말이 시작되었다. 경기를 중계하는 아나운서의 말이 빨라졌다.

"심재원 선수, 안타! 무사 1루, 희망이 보입니다."

일명 '개구리 번트'로 1982년 세계야구선수권대회에서 한국을 승리로 이끌었던 김재박의 LG 트윈스 감독 시절 모습(2007)

"다음 타자 김정수, 쳤습니다. 중견수를 넘는 2루타! 1루 주자 그대로 홈인. 이제 1 대 2로 1점 따라붙는 대한민국."

"다음 타자는 조성옥, 나오자마자 침착하게 희생번트('번트'는 야구에서 투수가 던진 공이 가까운 거리에 떨어지도록 타자가 배트를 공에 가볍게 대듯이 맞추는 일을 말함). 이제 1아웃에 주자는 3루."

드디어 2번 타자 김재박 선수가 타석에 들어섰다. 일본 측 투수가 공을 던지려는 순간, 희생번트를 대서라도 3루 주자를 홈으로 불러들일 심산인지 김재박은 재빠르게 번트 자세를 취했다. 그런데 그 순간 일본 측 포수가 자리에서 일어나 오른쪽으로 한두 발 자리를 비껴서 공을 받을 자세를 취했다. 한국이 희생번트를 댈 수 없도록 공을 멀찌

감치 빼 버린 것이다.

"일본 투수, 아, 공을 빼네요. 앗! 이때 김재박 선수, 번트를 댑니다!"

번트 작전이 불가능해 보였던 바로 그 순간, 김재박은 투수가 멀찌 감치 던진 공을 향해 개구리처럼 필사적으로 몸을 날렸다. 이 돌발 번 트는 그 누구도 예상하지 못했던 결과로 이어졌다. 묘한 각도로 배트 에 비껴 맞은 타구가 3루 쪽 파울 라인을 타고 절묘하게 굴러가기 시 작했다. 3루에 있던 주자가 홈을 향해 질주했고 그 사이 김재박도 1루 에 안착했다. 동점을 만들기 위해 필사적으로 시도했던 번트는 극적 으로 2 대 2 동점을 만들어 냈고, 동시에 번트를 댔던 자신도 1루에서 아웃되지 않고 세이프한 것이다. 패배의 기운이 감돌던 8회에 승리의 희망을 본 3만여 명의 관중은 열광했다. 김재박의 번트를 기폭제로, 8회말에는 한대화 선수가 그 유명한 역전 스리런 홈런을 작렬하면서, 우리나라는 5 대 2로 일본을 누르고 우승을 차지하는 위업을 달성하 게 되었다. 이 경기는 지금까지도 대한민국 야구 역사상 손꼽히는 명 승부로 남아 있다.

드라마 같은 역전을 이룬 8회말에는 두 번의 희생번트가 있었다. 주자를 3루로 보낸 1번 타자의 희생번트와, 3루 주자를 어떻게든 홈 으로 불러들여 동점을 만들려고 한 2번 타자의 희생번트가 그것이다. 결국 우리나라는 두 번의 희생번트를 통해 경기를 뒤집을 발판을 마 련했다. 만약 8회말 희생번트가 없었더라면? 아니, 두 번의 희생번트 가운데 한 번이라도 실패했더라면? 아마 1982년 세계야구선수권대 회는 우리에게 아무런 추억도 남기지 못했을 테다.

야구는 '희생(sacrifice)'이라는 단어를 공식적으로 사용하는 유일한 스포츠 종목이다. 단적으로 비교하여 축구와 농구에서 동료에게 골을 성공시킬 수 있도록 공을 넘겨주는, 이른바 도움(assist)은 주고받을 수 있지만 희생을 요구하거나 실행하지는 않는다. 반면에 야구에서는 희생번트, 희생플라이 등의 이타적인 플레이를 '희생타'라는 용어로 지칭한다. 이 희생타를 통해 자신은 아웃되지만 팀에서 필요로 하는 점수를 얻게 되고, 진루를 하게 된다. 이것은 이타적인 행위를 넘어선 일종의 '자기희생'이다. 그래서 우리나라에서는 희생타에 성공한 선수가 대기석에 들어오면 이 희생을 격려하는 의미에서 하이파이브를 하거나 등을 다독이며 "수고했어."라고 말해 준다. 개인주의가 강한 미국 메이저리그에서는 여기서 더 나아가 희생타를 성공한 선수에게 "고마워."라고 말하는 경우가 있다. 자신을 희생한 것에 대해서 메이저리그에서는 고마움을 표현하는 걸 보면 희생적인 플레이를 우리보다 좀 더 숭고하게 여기는 것 같다. 동서양을 막론하고 야구에서는, 팀을 위해 희생하는 이런 행위를 보상하는 의미에서 타율을 계산할 때 희생타를 타수에서 제외하여 타자가 기록상 손해를 보지 않도록 배려하고 있다.

한편 야구의 희생타는 적극적 희생과 소극적 희생으로 나눌 수 있다. 희생번트는 선행 주자의 진루를 위해 타자가 스윙하지 않고 일부러 번트를 대서 타구를 굴리기 때문에 '적극적 희생'이다. 반면에 희생플라이는 타자가 땅볼과 뜬공 등 어떤 의도를 가지고 골라 치기란 번트보다 어려우므로 소극적 희생이다. 쉽게 말해 비록 의도치 않게

번트란 타자가, 투수가 던진 공이 가까운 거리에 떨어지도록 방망이를 공에 가볍게 대듯이 맞추는 일을 말한다.

발생한 뜬공이더라도, 야구 규정상 저절로 희생적인 플레이가 되는 것이다.

희생하다 vs. 희생되다

'희생'의 의미를 국어사전에서 찾아보면 다음과 같다.

1. 다른 사람이나 어떤 목적을 위하여 자신의 목숨, 재산, 명예, 이익 따위를 바치거나 버림. 또는 그것을 빼앗김.
2. 사고나 자연재해 따위로 애석하게 목숨을 잃음.

3. 천지신명 따위에 제사 지낼 때 제물로 바치는 산 짐승. 주로 소, 양, 돼지 따위를 바친다.

'희생'의 어원은 3번 의미라는 것이 일반적인 견해다. 즉 희생이란 일명 '공물'이라 불리는, 생명을 바쳐 절대적 존재에 소망하는 바를 빌던 고대 제례 의식에서 비롯된 개념이다. 제물로 바치는 생물은 보통 소, 양, 돼지 등의 가축이었다. 희생의 한자어는 '희생 희(犧)', '희생 생(牲)'이며, 공통적으로 이 글자들이 '소 우(牛)'를 포함한 데서 어원을 짐작할 수 있다. 그런가 하면 '다른 사람의 이익이나 어떤 목적을 위하여 목숨, 재산, 명예, 이익 따위를 빼앗긴 사람을 비유적으로 이르는 말'인 '희생양'도, 제물로 바치던 '양(羊)'을 일컫는 말이었다.

문화에 따라 산 사람을 공물로 바치는 의식도 성행했다. 심청전에는 사람을 제물로 바치는 장면이 등장한다. 주인공 심청이 맹인 아버지의 눈을 뜨게 하기 위해 중국 상인에게 자신의 몸을 팔아 공양미 삼백 석을 구한 장면은 너무나 유명하다. 중국 상인이 심청을 제물로 바친 이유는, 바다의 신 용왕에게 산 사람을 제물로 바쳐 험난한 바닷길을 헤쳐 가기 위함이었다. 심청은 제례 의식의 공물로 사용되었을 뿐만 아니라, 아버지의 눈을 뜨게 하려고 자신의 목숨까지 버렸다. 이 두 가지 모두를 '희생'이라는 말로 표현할 수 있다.

야구의 '희생번트'와 심청의 '희생'에는 한 가지 공통점이 있다. 다른 무언가를 위해 '스스로' 자신의 이익이나 목숨을 버렸다는 점이다. 즉 타인이나 집단을 위해 스스로 자신을 희생한 것이다. '희생'이라는 말 뒤에는 '-하다'가 붙을 수도 있지만, '-되다'가 붙을 수도 있다.

그렇다면 '희생한' 것과 '희생된' 것에는 어떤 차이가 있을까? 희생의 결과는 같을 수 있어도 희생이 이루어지는 과정에는 많은 차이점이 있다. 가장 큰 차이점은 그 희생이 자신이 의도한 것인지의 여부에 있다. 즉, 자신의 의지에 따른 희생은 타인이나 집단을 위한 숭고한 선택이기에 '희생했다'라고 할 수 있으나, 자기 의지의 개입 없이 대의를 위해 의도치 않게 희생당했을 경우는 '희생되었다'고 표현해야 한다. 야구의 적극적 희생과 소극적 희생도 같은 맥락이다.

'수고했다' vs. '고맙다'

잠시 지난 2018 평창동계올림픽을 떠올려 보자. 스피드스케이팅 매스스타트 종목 결승전이 열리던 날. 대한민국 선수 두 명이 결승에 올라 있어 일찌감치 금메달에 대한 기대가 높았다. 레이스 초반에 정재원 선수가 치고 나가면서 줄곧 선두에서 달렸지만 결국 메달권 밖으로 처졌고, 정작 결승점에 제일 먼저 들어와 금메달을 차지한 사람은 뒤쪽 그룹에서 페이스를 조절하던 이승훈 선수였다.

그런데 경기가 끝난 이후에 뜻밖의 논란이 일었다. 정재원 선수가 이승훈 선수의 금메달 획득을 위해 '희생된' 것이 아닌가 하는 의혹이 제기되었던 것. 빙상 관계자들은 매스스타트의 종목 특성상 있을 수 있는 일이라고 해명했다. 다른 나라 선수들의 레이스를 견제하기 위해 작전상 자국 선수 한 명을 페이스메이커(Pace maker)로 활용할 수

2018 평창동계올림픽 스피드스케이팅 매스스타트 경기가 끝난 뒤 정재원 선수를 격려하며 고마움을 표현하는 이승훈 선수

있다는 것이다. 그러나 (비록 전략적이라고 하더라도) 금메달을 따기 위해 특정 선수가 '희생된' 것이 페어플레이가 아니라는 여론은 쉽게 수그러들지 않았다. 정재원 선수가 페이스메이커의 역할에서 벗어나 다른 선수들과 똑같이 경쟁했다면 더 좋은 성적을 거둘 수 있었을 것이라는 의견이 지배적이었다. 경기 직후 금메달을 딴 이승훈 선수는 정재원 선수의 손을 들어 주며 '팀워크'로 일구어 낸 금메달의 기쁨을 함께 누렸다. 하지만 만약 정재원 선수의 조력이 자발적 희생이 아니라 타인에 의해 강요된 것이라면, 이러한 상황이 달갑지만은 않을 것이다.

잠시 야구로 돌아가 보자. 희생타를 친 동료에게 '고맙다' 혹은 '미안하다' 가운데 어떤 말을 해야 할까? 앞서 말한 것처럼 단지 '동서양의 사고방식에 따라 다르다'라고만 단정할 수는 없을 듯하다. 해당 선수가 적극적이고 자발적으로 희생번트를 댔다면 '고맙다'는 말이 어울리고, 어쩔 수 없이 선택한 플레이라면 '수고했다'는 말이 어울릴 것만 같다.

그렇다면 페이스메이커에 머물러야 했던 정재원 선수에게 우리는 무슨 말을 해 주어야 좋을까? '수고했다'보다는 '고맙다' 혹은 '미안하다'가 더 적절하지 않을까? 사정이야 어찌 되었든 올림픽 무대에 서기 위해 수년 간 피땀 흘려 노력한 선수가 막상 경기에 출전해서는 마음껏 레이스를 해 볼 수 없었다면 말이다. 게다가 팀으로 승부가 결정나는 야구와 달리 스피드스케이팅은 개인전이다. 그 허탈함과 박탈감을 어떻게 위로할 수 있을까? 적어도 한 선수의 희생을 '수고했다'는 말로 당연하게 생각해서는 안 될 것이다. 또한 스스로가 결정한 희생이 아니라면 '페이스메이커' 혹은 '조력자'나 '팀워크' 같은 미사여구를 아무리 동원한다 하더라도 아무런 의미가 없다. 한 개인에게 일방적으로 희생을 강요한다면, 그에 따른 결과와 상관없이 희생의 숭고한 의미는 퇴색할 수밖에 없는 것이다.

누가 '희생'을 결정하나

야구의 희생번트를 비겁한 공격이라고 비난하는 사람도 있다. 똑같이 득점한 상황에서 홈런을 친 타자와 희생플라이를 친 타자의 표정과 발걸음은 다를 수밖에 없다. 사람 대신 제물로 바쳐진 동물은 어땠을까? 그 동물도 자신의 희생을 기꺼워했을까? 우리 사회에서 희생이라는 이름으로 행해지는 모든 행위의 근본적인 의미를 깊이 되새겨 볼 때가 아닌가 싶다.

결국 희생이란 큰 희생이든 작은 희생이든 더 중요한 어떤 것을 위해 작은 손실을 감수하는 행위다. 그러나 무엇이든 잃는다는 사실은 같고, 잃는다는 것은 누구에게나 (작든 크든) 고통이 수반될 수밖에 없다. 사람에게는 가치 판단에 따라 최선의 행복을 추구할 권리가 있다. 따라서 희생의 선택권은 당사자에게 주어져야 한다. 그리고 그가 내린 결정은 마땅히 존중받아야 한다. 심지어 희생을 거부한다고 해도 말이다. 지금 우리 사회가 집단의 이익을 위해 혹여 누군가에게 개인적 '희생'을 강요하고 있지는 않은지 반성해 볼 일이다.

동영상 함께 보기

1982년 세계야구선수권대회 하이라이트 영상
대한민국과 일본이 세계야구선수권대회 결승전에서 맞붙었다. 8회말까지 2 대 0으로 뒤지고 있는 상황에서 1점을 추격해 2 대 1이 되었고, 다음 주자는 희생번트를 대며 주자를 3루까지 무사히 보내는 데 성공했다. 이어서 이른바 전설의 '개구리 번트'가 나오는데, 이를 시작으로 대역전극이 펼쳐졌으며 대한민국이 우승하게 되었다.

PART 3

데이터 :
숫자와 데이터가 말하는 진실

소수
(素數)

소수(素數)를 달고 뛰는
독보적인 소수(小數)의 선수들

고유성 혹은 상징성을 갖는 등 번호

'국민 타자'로 불린 삼성 라이온즈 이승엽 선수는 이제는 그라운
드에서 볼 수 없는 야구 선수이다. 2016년에 은퇴를 선언했기 때문이
다. 2016년 페넌트 레이스 후반기, 각 구단 홈구장에서는 그의 은퇴
행사를 차례로 진행하며 이승엽 선수의 마지막 경기를 기념했다.

이처럼 전 국민적인 관심을 받으며 그라운드를 떠난 슈퍼스타가
있는가 하면, 조금은 특별한 이벤트로 우리 곁을 떠난 선수도 있다.

그 주인공은 SK 와이번스의 박재상 선수다. 2017년 9월 9일, 그라운드에 9명의 박재상 선수가 등장했다. 공을 던지는 투수, 공을 받는 포수, 심지어 내야·외야의 모든 선수들까지 그의 등 번호 '7'을 달고 경기를 뛰었다. 교체된 선수의 등 번호마저 7이었다. 이는 17년간 한 번도 팀을 옮기지 않고 한 팀에서 줄곧 활약한 박재상 선수를 위한 은퇴특별 이벤트였다. 이날 경기가 끝난 뒤 그라운드에서 수많은 박재상이 단 한 명의 진짜 박재상을 헹가래 치는 모습은 아직도 뇌리에 선명하다.

일반적으로 7은 행운의 숫자로 여겨진다. 하지만 스포츠를 좋아하는 사람들에게 등 번호 7은 많은 선수를 떠올리게 한다는 점에서 더특별하다. 2002년 월드컵의 주인공 박지성 선수가 국가 대표 경기에서 줄곧 단 등 번호도 7이다. 맨체스터 유나이티드 FC(이하 '맨유')에서는 13을 달았지만, 국가 대표로 뛴 굵직한 경기에서 인상적인 플레이를 펼친 그의 등 번호는 7로 대표된다. 세계적인 축구 선수 데이비드베컴도 맨유에서 오랫동안 등 번호로 7을 사용했고, 크리스티아누 호날두 역시 7을 선호하여 맨유 시절부터 계속해서 이 번호를 고수하고 있다. 맨유에서는 이들이 떠난 뒤에도 여전히 등 번호 7을 기량이 매우 뛰어난 최고의 선수에게만 허락한다.

축구 선수에게 7만큼 가치 있는 등 번호로는 '11'이 있다. 11은 우리나라 역사상 가장 훌륭한 축구 선수라고 칭송받는 차범근 선수가 1970~1980년대 독일 분데스리가에서 눈부시게 활약할 때의 등 번호일 뿐만 아니라, 현재 유수의 명문 팀에서 매우 빠른 발을 가진 스트라이커가 많이 달고 있는 번호이기도 하다.

등 번호에는 남들은 몰라도 선수 자신은 알고 있는 고유한 사연이나 의미가 부여된 경우가 많다. 그래서 저마다 애착을 갖는 등 번호가 있게 마련이다. 모두가 인정하는 등 번호의 전설은 누가 뭐래도 농구 황제 마이클 조던^{Michael} ^{Jordan}의 '23'이다. 23은 이미 하나의 기호요, 상징이며 그 자체로

등 번호 23번을 오래 사용했던 르브론 제임스

마이클 조던이 된 지 오래다. 농구 기량으로는 누구에게도 뒤지지 않는 르브론 제임스^{LeBron James}가 2003년 클리블랜드 캐벌리어스 입단 당시, 조던과 같은 위대한 선수가 되겠다는 포부로 23을 자신의 등 번호로 달겠다고 했을 때 처음에는 팬들의 빈축을 샀다. 아마 팬들은 제임스 때문에 23에 새겨진 조던의 상징성이 희석되는 것을 원치 않은 모양이다. 다시 말해 23은 이제 아무나 달 수 있는 등 번호가 아니다. 적어도 농구계에서 23은 고유 브랜드가 되었다.

야구계에서는 등 번호의 상징성이 더욱 강해서 '영구 결번'이라는 제도가 다른 구기 종목보다 더 활성화되었다. 영구 결번이란 소속 팀에서 은퇴하는 훌륭한 선수의 업적을 기리기 위해 다른 선수가 해당 선수의 등 번호를 영구히 사용하지 않는 것으로, 구체적 기준은 각 구

단이 자체적으로 정한다.

메이저리그에서는 전설적인 홈런 타자 베이브 루스Babe Ruth 의 등 번호 3이 영구 결번의 대명사다. 국내 프로야구에서는 김용수(41번), 정민철(23번), 최동원(11번), 이종범(7번) 등 내로라하는 역대급 선수 14명의 등 번호가 영구 결번으로 지정되었다. '코리안 특급' 박찬호 선수는 61을 달고 메이저리그에서 큰 활약을 펼쳤으며 KBO 리그 한화이글스에서도 한 시즌을 뛰었지만, 아직 그의 번호가 영구 결번되지는 않았다. 영구 결번이 된다는 것은 프로선수로서 대단히 영광스러운 일이다. 하지만 메이저리그를 호령한 박찬호 선수도 대상자가 되지 못했을 만큼 이는 결코 쉬운 일이 아니다.

소수는 소수에게만 허락된다?

수학에는 소수(素數)라는 개념이 있다. 소수점(小數點)이 붙는 '소수(小數)'와 구별하여, [소쑤]라고 발음되는 수이다. '소수(素數)'는 '1보다 큰 자연수 가운데 1과 자신 이외의 자연수로 나뉘지 않는 자연수'를 말하는데, 합성수와 달리 소인수분해를 하면 1과 자신밖에 남지 않는다. 가령 합성수 18은 $2 \times 2 \times 2 \times 3$으로 소인수분해되지만, 소수 17은 1×17로 소인수분해된다. 즉 소수는 다른 수가 합성되어 있지 않아 '더 이상 쪼갤 수 없는 상태의 아주 순수한 수'라고 할 수 있다. 그래서 영어로는 소수를 '최초, 기초, 기본, 근원'이라는 뜻이 담긴 '프라임 넘버(prime number)'라고 한다. 어떤 물질을 이루는 가장 기본단위를

'원소(元素)'라고 하듯 가장 기본이 되는 수라는 의미에서 '소수(素數)'라고 부르는 모양인데, 이런 의미에서 소수는 '수의 원소'라 할 만하다. 101 이내의 소수는 모두 26개다.

2, 3, 5, 7, 11, 13, 17, 19, 23, 29, 31, 37, 41, 43, 47, 53, 59, 61, 67, 71, 73, 79, 83, 89, 97, 101

유벤투스 FC에서도 등 번호 7번을 사용하는 크리스티아누 호날두

앞서 언급한 박지성(7·13번), 차범근(11번), 베컴(7번), 호날두((7번), 마이클 조던(23번), 베이브 루스(3번), 박찬호(61번), 그리고 영구 결번이 된 김용수(41번), 정민철(23번), 최동원(11번), 이종범(7번) 선수를 떠올려 보자. 어떤 공통점이 보이는가? 그렇다. 선수들은 '소수'를 등에 달고 뛰었다. 왜 그들은 하필 소수에 애착을 가지고 평생 그 번호를 달고 뛰었을까? 혹시 소수가 가진 특별한 수학적 의미를 알고 있었을까? 아니면 소수에 보이지 않는 어떤 특별한 힘이 있는 걸까? 소수를 영어로 번역한 '프라임(prime)'에는 공교롭게도 '주요한, 으뜸가는, 가장 좋은, 1등의'라는 뜻이 함의되어 있다. 소수를 달고 뛰던 그들은 으뜸가는 실력을 뽐내던 1등 선수였던 셈이다.

큰 인기를 얻은 아이돌 그룹 '아이오아이(I.O.I)', '워너원(Wanna One)'이 101명에서 출발해 혹독한 오디션 과정을 거치면서 슈퍼스타로 성장했다는 사실은 굳이 소수의 의미를 따지지 않더라도 흥밋거리로 부족함이 없다. 다른 아이돌 그룹의 멤버 수도 혹시 소수는 아닌지 따져 볼 일이다.

매미도 아는 소수의 세계

발군의 스포츠 선수들뿐만 아니라 매미도 소수의 힘을 알고 있을지 모른다. 잠시 땅속 굼벵이와 매미의 세계로 들어가 보자. 여기서도 뜻밖에 소수를 발견하게 된다. 매미가 알로 태어나 성충이 되려면 수년의 시간이 경과해야 한다. 특히 굼벵이에서 매미로 변태하기까지 꽤 오랜 시간이 걸린다. 우리나라에서 주로 서식하는 참매미도 알에서 깨어나고 7년이 지나야 성충이 된다고 한다. 이 사실은 참매미의 생존 주기가 7년이라는 의미가 된다(성충이 되고 난 후의 수명은 고작 15일 정도).

다른 매미 종의 생존 주기를 더 조사해 보았더니 보통 5년, 7년, 13년, 17년이었다. 공교롭게도 모두 소수에 해당한다. 매미는 왜 생존 주기가 모두 소수일까? 여러 학설이 있으나, 동종 간의 먹이경쟁을 피하기 위해 매미 스스로 생존 주기를 서로 겹치지 않도록 조정했다는 설이 유력하다. 무슨 말인가 하면, 5년 주기의 매미와 13년 주기의 매미가 서로 만나서 먹이 경쟁을 벌이게 될 주기는 65년(5년×13년)이다. 13년 주기 매미와 17년 주기의 매미가 만나는 주기는 무려 221년 이다. 생존 주기가 최대한 겹치지 않게 하는 최선의 방법이 소수로 배열되었을 때라는 사실을 매미는 본능적으로 알았던 것이다. 매미가 치열한 생존경쟁에서 벗어난 것은 생존 주기를 바로 소수로 택한 결과다.

인간은 어떨까? 매미도 반한 소수를 인간이 외면할 리 만무하다. 현대인은 이 소수를 암호화 기술에 요긴하게 써먹고 있다. 예컨대 누군가에게 두 개의 소수 53과 97을 곱해 얻어 낸 '5,141'이라는 숫자를 보여 주면서, 어떤 수를 곱한 수인지 맞히라고 하면 곤란해할 것이다. 반면에 합성수끼리 곱했을 때 제시된 수는 소인수분해를 통해 어떤 수를 곱했는지 유추하기가 상대적으로 쉽다. 자릿수가 높은 소수의 곱은 아무리 성능 좋은 슈퍼컴퓨터라도 쉽사리 처음의 두 소수를 복원할 수 없다고 한다.

이것이 현대에서 가장 강력하고 가장 많이 쓰이는 암호 기술인 RSA 방식의 기본 원리다. 이 원리를 이용해 두 개의 암호 키를 만들어서 하나는 암호화하는 데 쓰고, 나머지 하나는 해독하는 데 쓴다. 요컨대 암호화할 때 쓰는 키는 곱해진 수를 활용하고, 거꾸로 해독할 때는 소수에 기반을 둔 키를 활용한다. 이런 암호화 기술은 일상에서 통장을 개설한 뒤 비밀번호를 생성하고 사용할 때, 그리고 인터넷에서 본인을 인증할 때, 회사의 기밀문서를 인터넷으로 해외 주재원에게 보낼 때, 전쟁 중에 중요한 정보를 아군에게 전달할 때 등 극도의 보안을 유지해야 하는 일에 고루 활용된다.

우리는 흔히 수학 공부가 어렵고 따분하면 '수학은 덧셈, 뺄셈만 할 줄 알면 돼.'라고 생각하면서 마음을 달랜다. 그런데 아무 쓸모없을 것 같았던 소수에 대한 연구와 관찰이 우리가 사는 세상을 좀 더 발전시켰다는 사실을 확인한 이 순간, 수학 공부에 학구열을 불태워야 하는 것 아닐까 하는 생각이 들지도 모른다. 하물며 어떤 생명체에게는 소수가 자신의 생존과 직결되는 '수'이다. "만물의 근원은 수"라고 한 피타고라스의 말은 허투루 넘겨들을 말이 아니다.

동영상 함께 보기

박재상 은퇴 경기에 나타난 수많은 박재상
2017년 9월 9일 SK 와이번스의 박재상 선수가 은퇴 경기를 가졌다. 외국인 용병 제이미 로맥 선수가 끝내기 홈런으로 박재상 선수의 은퇴를 멋지게 마무리했다. 홈런을 친 로맥 선수도, 끝내기 홈런을 축하하러 그라운드로 나온 선수도 모두 등에 '박재상'이라는 이름 석 자와 그의 등 번호 '7'을 달고 있다.

스몰
데이터

야구의 극단적 수비 시프트는
빅데이터의 산물

수비 성공률 높이는 똑똑한 '빅데이터'

미국 프로야구 메이저리그에서 꼴찌를 도맡아 하던 오클랜드 어슬레틱스 구단의 단장 빌리 빈[Billy Beane]은 야구가 아닌 경제학을 전공한 '피터'를 영입하여 파격적인 방법으로 선수를 선발한다. 오로지 경기 중에 축적한 데이터에 의존하여, 타 구단에서 버림받은 선수들도 팀에 합류시키는 것이다. 사생활이 문란하거나, 나이가 많거나, 심지어 타율이 낮은 선수도 빈의 부름을 받는다.

영화 〈머니볼〉의 한 장면

모두가 미친 짓이라며 그를 비난했지만, 철저히 데이터에 기반을 두어 선수단을 운영한 결과 2002년 8월 13일부터 9월 4일까지 오클랜드는 20연승을 거두는 기적을 일군다. 오클랜드 구단이 이룬 기적의 이야기는 〈머니볼〉(2011)이라는 영화로 제작되었다. 영화 속 주인공 빌리 빈이 데이터를 야구에 활용하는 방식을 지켜보면, 야구의 승패는 선수의 기량보다 데이터가 더 좌우한다는 의외의 사실을 알 수 있다.

야구는 '데이터의 스포츠'로 불릴 만큼 수많은 데이터가 존재한다. 예를 들어 타율, 출루율, 장타율, 평균 자책점 등은 야구 경기에서 산출된 성적을 계량화한 일종의 데이터인데, 이것은 선수 개개인의 기량을 나타내는 지표로 활용된다. 그것이 검증된 통계를 바탕으로 하는 '빅데이터(big data)'라면 더더욱 신뢰할 만한 지표로 기능한다.

그런데 수많은 경기에서 축적된, 상황별 선수들의 플레이 성향을 데이터화한 뒤 입체적으로 분석한 자료는 단순한 지표에 그치지 않는다. 실제로 경기에서 활용되어 승패를 가르는 강력한 무기가 된다. 오늘 다룰 '시프트(shift)'가 바로 그 단적인 사례다.

야구 경기에서 시프트는 '타자의 타격 성향에 따라 수비 위치를 이동하는 일'을 말한다. 간단히 말해 '어떤 타자가 특정 방향으로 유독 많은 타구를 날린다면, 그곳으로 수비수를 집중시키는 수비 전략'이다. 가령 어떤 선수의 타격 방향이 1루와 2루 사이를 가르는 경우가 많아서 우전 안타가 나올 확률이 높다는 데이터가 구축됐다고 생각해 보자. 당신이 감독이라면 이 선수가 타석에 들어섰을 때 수비 시프트를 어떻게 활용하겠는가?

실제 경기에서는 1루와 2루 사이에 내야수가 집중 배치되는 경우가 있다. 3루수와 유격수가 자기 자리를 비워 두고, 타구가 향할 것으로 예상되는 1·2루 사이로 수비 자리를 이동하는 식이다. 타자는 수년 동안 자기가 지켜 온 타격 메커니즘을 쉽사리 바꿀 수 없다. 따라서 1·2루 사이로 타구를 보내게 되면 아무리 잘 맞은 공이라도 아웃이 되고 만다. 예전에는 내야수가 자기 자리에서 오른쪽으로 서너 발 정도만 이동하는 선에서 타구에 대비했는데, 근래에는 다음과 같이 원래 수비 위치마저 비워 놓는 극단적 시프트가 종종 나타난다. 수비 시프트의 성공 확률은 빅데이터가 쌓이면 쌓일수록 올라간다.

2014년, 메이저리그의 LA 다저스와 샌디에이고 파드리스의 연장 12회 1사 만루. 외야 플라이만 쳐도 3루 주자가 홈에 들어와 경기가 끝나는 상황에서 LA 다저스가 외야 수비를 포기하고 중견수를 1루 수비 위치로 이동시켜 네 명이 1, 2루 간을 지키는 포백 수비를 가동했다. 타석에 들어선 샌디에이고의 좌타자가 1, 2루 간 땅볼을 칠 확률이 높다는 판단 때문이었다.

빅데이터 시대에 타자가 대처하는 방법

빅데이터 활용의 중요성이 더욱 커지고 있다. 바야흐로 빅데이터 시대가 도래했다. 빅데이터는 스포츠에서 승리를 위한 정교한 도구가 된 것은 물론, 기업이 소비자의 성향을 분석하여 맞춤형 상품을 생산하고 판매할 수 있도록 돕는다. 또 정부는 빅데이터로 여론의 동향을 살피고 이를 반영해 합리적인 정책을 펼친다. 범죄나 테러를 예방하는 데도 요긴하게 쓰인다. 심지어 세계 굴지의 검색 사이트는 빅데이터를 활용해 질병관리본부보다 앞서 특정 지역의 전염병을 예언하는 기적(?)까지 선보였다.

이렇게 전지전능한 것처럼 보이는 빅데이터도 그 자체로는 아무런 쓸모가 없다. 이것을 쓸모 있게 꿰는 기술, 즉 빅데이터를 효과적으로 처리하고 분석할 수 있는 기술이 필요한데 이를 '데이터 마이닝(data mining)'이라고 한다. 데이터 마이닝은 마치 땅속 깊은 곳에서 금이나 보석을 캐내는 것처럼 방대한 데이터 더미 속에서 가치 있고 유의미한 정보를 발굴해 내는 과정이다. 그래서 데이터 자체보다는 데이터를 분석해 주는 전문가가 더 중요하며, 우리는 이런 전문가를 '데이터 과학자(data scientist)'라고 부른다. '공학자, 전문가, 분석가' 등의 용어를 쓰지 않고, 굳이 과학자로 이름 붙인 데는 그만큼 고도의 지식이 필요하다는 뜻이 담겨 있다. 그들은 수많은 데이터를 분석한 뒤 얼핏 관계없어 보이는 데이터의 연관 관계를 파악하여 유용한 정보를 재생산한다. 이 정보는 현재 어떤 일이 일어나고 있는지를 알려 줄 뿐만 아니라, 앞으로 다가올 미래를 예측하는 지표가 된다. 그렇다면 빅데이터는 앞으로도 전지전능한 능력을 발휘하게 될까? 우리는 시프트에 대처하는 창의적인 선수들을 통해 이 물음에 대한 단서를 엿볼 수 있다.

시프트에 대처하는 타자의 해법은 딱히 정해져 있지 않다. 그중 야구 역사상 처음으로 시프트 수비를 경험한 메이저리그의 전설적인 타자 테드 윌리엄스^{Ted Williams}의 해법이 흥미롭다. 극단적으로 당겨 치기만을 고집한 전설적인 왼손 타자 테드 윌리엄스의 타구를 잡아내기 위해 상대 팀은 그가 타석에 들어서면 어김없이 오른쪽으로 시프트를 단행하여, 왼쪽 공간에는 좌익수 말고는 아무도 남겨 놓지 않았다. 이런 수비 시프트에 당황한 윌리엄스의 타율은 곤두박질쳤다.

그는 고심 끝에 평소보다 무거운 배트를 들고 타석에 들어서기 시작했다. 무거운 배트를 들고 타격하니 당겨 치는 일이 줄어들고 밀어 치기가 많아져 타구 방향이 왼쪽으로 자연스럽게 이동하였다. 그러자 상대편 선수들은 원래 수비 위치로 복귀했고, 이때 윌리엄스는 다시 가벼운 배트를 들고 경기에 나서 마음껏 안타를 생산하기 시작했다.

우리나라 프로야구에서도 시프트를 극복한 사례가 있다. 롯데 자이언츠의 타자 채태인은 2017년 6월 넥센 히어로즈 4번 타자로 경기를 뛸 당시, SK 와이번스의 극단적 수비 시프트를 창의적으로 허물었다. 8회초 선두 타자로 나선 그는 상대 수비가 1·2루 사이로 치우치는 극단적 시프트를 펼친 상황에서, 텅 빈 3루 쪽으로 가볍게 번트를 댔다. 채태인은 여유롭게 1루에 도착하여 내야 안타를 만들었다. 4번 타자가 번트 댈 것을 전혀 예상하지 못한 상대편은 뒤늦게 공을 잡았지만, 1루로 공을 던져 보지도 못했다. 상대편은 물론 관중도 혀를 내두를 정도로 영리한 플레이였다.

빅데이터의 그늘, 그리고 환상

미국의 한 소매 체인점은 고등학생에게 임신 용품 할인 쿠폰을 무료로 배송했다. 해당 학생의 '디지털 발자국(digital footprint)'을 추적하여 임신 사실을 예측한 기업이 소비를 유도하기 위함이었다. 2012년

2월 시사 주간지 《타임》은, 고등학생의 임신 사실을 부모보다 앞서 소매 체인점에서 미리 알아차리고 마케팅에 활용한 사례를 기사화했다.

'디지털 발자국'은 각종 사이트의 로그인 기록이나 결제 정보, 검색어 기록, SNS 방문 이력, 이메일 기록 등 인터넷상에 남아 있는 신상에 관한 기록 일체를 말한다. 이것을 활용하면 기업은 소비자의 구매 패턴을 미리 파악하여 맞춤형 상품을 제공할 수 있다는 이점을 갖는 반면, 개인은 사생활을 지나치게 침해받을 우려가 있다.

빅데이터 시대에는 우리의 일상이 누군가의 감시와 통제 속에 있다고 해도 과언이 아니다. 우리가 남긴 그 발자국을 좇아 개인 정보를 노린 범죄가 증가했으며, 그에 따른 피해도 기하급수적으로 늘어날 위험성이 커졌다. 온라인의 개인 정보를 삭제해 달라고 요청하는 '잊힐 권리(right to be forgotten)'가 대두되는 이유도 빅데이터 시대의 어두운 그늘이다. 오죽하면 온라인 곳곳에 남겨진 개개인의 디지털 발자국을 제거하는 디지털 장의사나 디지털 세탁소가 성업할까? 그러나 그들조차 디지털 발자국을 완벽히 제거하는 것은 불가능하다.

또 한 가지 우려되는 것은 데이터의 '질' 문제다. 인터넷에서 수집되는 방대한 데이터의 질을 관리하고 통제하는 일은 말처럼 쉽지 않다. 가령 특정한 의도로 데이터를 분석했다면 거기서 얻은 통계적 결론이 왜곡되었을 가능성을 배제할 수 없다. 아무리 규모가 큰 빅데이터에서 얻은 결론이라고 해도 명백한 인과성을 주장하기 어렵다는 이야기다. 즉 빅데이터는 만능열쇠가 될 수도 있지만, 과도한 환상은 금물이다. 이를 활용하여 패턴을 발견하고 트렌드를 예측할 수는 있어도 혁신적인 창조는 불가능하다는 것이 빅데이터의 치명적인 한계다.

빅데이터 vs. 스몰데이터

필자는 앞서 방대한 빅데이터에 근거해 만들어진 수비 시프트가 어떤 야구 선수의 엉뚱한 플레이로 속절없이 무너지는 스포츠 현상을 언급했다. 야구는 데이터에 의존하는 스포츠이지만, 때때로 발생하는 돌발적인 상황과 선수들이 이따금 보여 주는 창의적인 플레이로 많은 변수가 생기기도 한다. 즉 야구의 데이터가 간과한 특정 선수의 개별적인 플레이는, 빅데이터라는 거대한 골리앗을 한 번에 쓰러뜨리는 야무진 다윗이 될 수 있다. 이것이 바로 빅데이터에 맞서는 '스몰데이터(small data)'의 힘이다.

스몰데이터는 규모 중심의 빅데이터와는 달리 특정 소수의 욕망이나 취향에 기반을 둔 작디작은 정보다. 아주 사소한 행동이나 단서로 사건을 해결하는 '셜록 홈스'나 'CSI(과학 수사대)'가 바로 스몰데이터 활용의 대가라고 할 수 있다. 테드 윌리엄스 선수나 채태인 선수가 수비 시프트를 무너뜨릴 때 사용한 창의적인 타격 방법은, 상대 팀 입장에서는 사소해 보이지만 결정적인 통찰을 줄 수 있는 스몰데이터에 해당한다. 스몰데이터를 간과한 상대 팀은 속절없이 안타를 내줄 수밖에 없다.

세계적인 장난감 블록 회사인 '레고'는 불황을 타개하기 위해 빅데이터를 분석했다. 레고는 1990년대 이후 출생한 신세대가 인내심이 부족하고, 충동적이며, 즉각적인 만족을 원하는 성향이 있음을 간파하고 블록의 크기를 키워 2003년에 신제품을 출시했다. 신세대 아이들이 오밀조밀한 작은 조각을 가지고 노는 데 불편과 불만이 있다고 생각한 것이다. 그런데 신제품 출시 이후 판매량이 오히려 줄었다. 문제 해결을 위해 레고의 최고 경영자는 직접 아이가 있는 가정을 방문했다. 레고 마니아인 열한 살 소년을 만난 최고 경영자는 소년에게서 뜻밖의 말을 듣는다.

"너에게 가장 소중하고 자랑스러운 물건이 뭐니?"

소년은 한쪽 면이 닳아서 너덜너덜해진 운동화를 가리키며 자랑스럽게 말했다.

"스케이드보드를 탈 때 신는 저 운동화요. 우리 동네에서 제가 스케이드보드를 가장 잘 탄다는 것을 증명하는 물건이거든요."

최고 경영자는 이 소년의 말 한마디에서 결정적 사실을 통찰한다. 레고 블록의 크기나 모양이 중요한 것이 아니라, 물건이 어떤 스토리를 담고 있는지가 중요하다는 사실을 깨닫게 된 것이다. 이후 레고 조각은 더 작아졌고 설명서는 더 자세해졌으며, 영화 〈스타워즈〉 시리즈와 같은 스토리텔링이 가미되었다. 그 뒤 레고는 파산 위기를 넘어 독보적인 장난감 제조업체로 우뚝 서게 되었다.

스몰데이터는 비록 작지만, 잠재한 혁신과 창조의 힘은 더할 나위 없이 크다. 우리는 지금 일상생활 자체가 데이터라고 할 정도로 빅데이터의 직간접적인 영향에서 좀처럼 벗어날 수 없다. 하지만 그렇다고 해서 빅데이터를 맹신하거나 이에 지나치게 의존할 필요는 없다.

장밋빛 전망만 밝히는 빅데이터에도 어두운 그늘이 드리워져 있고, 완벽할 것 같은 빅데이터에도 허점은 있다. 당신이 스몰데이터에 담긴 창조와 혁신의 에너지를 믿는다면, 일찌감치 '포스트 빅데이터'를 준비해 봄 직하다.

동영상 함께 보기

수비 시프트를 창의성으로 무너뜨린 채태인 선수의 기습 번트

2017년 6월 8일에 열린 넥센 히어로즈와 SK 와이번스의 프로야구 경기. 넥센이 3 대 2로 앞선 8회초, 주자 없이 넥센의 채태인이 타석에 들어섰다. SK 와이번스의 3루수가 유격수 자리까지 이동하는 극단적인 시프트 수비를 취하자 채태인 선수가 3루 쪽으로 가볍게 번트를 대고 내야 안타를 만들어 냈다.

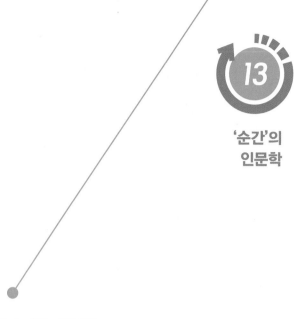

**'순간'의
인문학**

0.001초의 싸움,
동계올림픽은 스피드로 싸운다

메달 색 바꾸는 1,000분의 1초

2018 평창동계올림픽이 성공적으로 끝났다. 올림픽 유치부터 남
북한 공동 입장, 단일팀 구성, 다양한 분야에서의 메달 획득과 감동적
인 폐막식에 이르기까지 여러모로 의미 있었던 동계올림픽이라는 평
가를 받고 있다. 이 기간 동안 동계 스포츠에 대한 전 국민적인 관심
이 매우 높았다. 이를 계기로 앞으로도 다양한 겨울 스포츠 종목에 대
중의 관심이 이어지고, 우리나라 동계 스포츠가 더욱 활성화되기를

2018 평창동계올림픽 개막식에서 남북한이 공동 입장하여 화제가 되었다.

바란다. 이런 바람으로 이번 시간에는 동계올림픽 종목에 대해 일고
(一考)해 보기로 한다.

동계올림픽은 주로 스피드로 경쟁하는 속도전이라는 점에서 하계
올림픽과 차별화된다. 물이나 땅 위에서 '더 멀리, 더 높이, 더 힘차게'
경쟁하는 하계 종목과 달리, 얼음이나 눈 위에서 경쟁하는 동계 종목
은 오로지 '더 빨리'만을 기준으로 경쟁한다. 동계올림픽 대부분의 종
목은 누가 한순간이라도 더 빠른 속도로 정해진 코스를 완주하느냐를
두고 우열을 가린다(피겨스케이팅, 컬링, 아이스하키, 일부 스키 종목 제외).

대표적인 눈 위[설상(雪上)] 스포츠는 스키 종목이고, 얼음 위[빙상
(氷上)] 스포츠는 스피드스케이팅이다. 스키는 100km/h를 넘나드는 속
도로 눈 덮인 경사를 내려오는 스포츠다. 특히 활강 경기에서는 속도

가 160km/h를 넘는 경우도 있는데, 이는 고속도로를 달리는 자동차 속도보다 빠르다. 하계 스포츠의 육상 종목에서 가장 빠르다고 하는 우사인 볼트^Usain St.Leo Bolt의 100m 달리기 속도가 40km/h인 것과 견주어 보면, 스키가 얼마나 빠른 스포츠인지 쉽게 짐작할 수 있다.

스피드스케이팅은 경사가 없는 평평한 얼음 위에서 60km/h 내외의 속도를 내기 때문에, 절대속도로는 스키에 비교할 바가 아니지만 스피드 경쟁은 오히려 더 치열하다. 선수들은 공기저항 계수를 줄이기 위해 최첨단 유니폼을 입고, 얼음을 지치는 데 유리하도록 스케이트 날을 특수 제작하는 등 0.01초라도 기록을 단축하려고 갖은 노력을 다한다. 스피드스케이팅 순위는 0.01초 단위까지 계측하는데, 만약 소수점 둘째 자리까지도 같다면 0.001초 단위까지 따져 순위를 가리는 경우가 비일비재할 정도로 치열한 스피드 전쟁이 일어나는 종목이다.

그동안 우리에게 생소했던 '썰매'는, 평창에서 올림픽을 개최하기로 결정했을 때부터 대중의 관심을 끌기 시작했다. 썰매 종목은 경사진 얼음 트랙을 빠르게 통과하여 내려오는 경기로 봅슬레이, 루지, 스켈레톤 등 크게 세 종목으로 나뉜다. 어떤 형태의 썰매를 어떤 방법으로 탑승하는지에 따라 종목이 세분화된다. 먼저 '봅슬레이'는 소형 자동차를 연상시키는, 강철로 만든 썰매에 2인 이상 탑승할 수 있다는 점에서 다른 썰매 종목과 쉽게 구별된다. '루지'와 '스켈레톤'은 평평한 썰매를 탄다는 점에서 비슷하지만, 루지는 1인 또는 2인이 똑바로 누운 채 썰매를 타고, 스켈레톤은 1인이 머리를 정면으로 향하고 옆

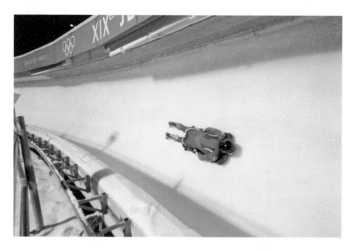
스켈레톤 경기 장면

드린 자세로 썰매를 탄다는 점에서 차이가 있다.

썰매 역시 130~150km/h에 육박하는 속도를 자랑하며 1,000분의 1초를 다투는 굉장히 스피디한 종목이다. 결승선을 통과한 뒤 전광판의 계측 수치를 보기 전에는 관중의 눈으로 누가 더 빠른지 도저히 구별할 수 없을 만큼 미세한 속도 차이로 승부가 갈린다. 따라서 선수는 얼음 트랙의 특성을 간파하고 여러 번 연습해 볼수록 기록 단축에 유리하다. 평창은 우리의 홈그라운드이기에 우리나라 선수들에게 절대적으로 유리할 수밖에 없었다. 2018 평창동계올림픽에서 홈그라운드의 이점을 안고 있는 우리나라가 (스켈레톤, 봅슬레이와 같은) 썰매 종목에서 성과를 낼 수 있었던 이유이기도 하다.

의미 있는 1초, 0.1초, 0.01초

하루에 무려 864,000초를 소비하는 우리에게 단 '1초'는 짧디짧은 시간일지 모르지만, 스포츠에서는 굉장히 긴 시간이다. 즉 많은 일이 일어날 수 있는 1초는 승패가 갈릴 수도 있는 매우 중요한 시간이다.

비근한 예로 야구에서 투수가 공을 던진 뒤 그 공이 타자 근처까지 도달하고, 타자가 공을 때려서 그 공이 다시 투수 앞으로 날아갈 때까지 걸리는 시간은 채 1초가 되지 않는다. 2012년 런던올림픽 펜싱 준결승전에서 신아람 선수가 독일 선수에게 세 번이나 공격 기회를 허용할 동안, 지독하게도 흐르지 않던 그 기나긴 '1초'를 우리는 아직도 기억한다. 결국 신아람 선수는 오심으로 결승전에 진출하지 못했다.

유도나 태권도 경기에서는 1초를 남기고 큰 점수를 얻어 역전하기도 하고, 농구 경기에서는 단 1초, 아니 0.1초를 남겨 놓고 버저 비터(농구 경기에서 버저의 울림과 동시에 득점하는 것을 이르는 말)로 승부가 뒤바뀌는 일이 다반사다. 스피드를 겨루는 육상이나 수영에서도 0.01초의 시간까지 금쪽같이 여겨진다. 스포츠 경기에서는 단 0.01초의 시간도 방심할 수 없다. 끝날 때까지 끝나지 않은 것이 바로 스포츠다. 이것이 스포츠의 묘미다.

스포츠가 아닌 다른 세계에서의 1초, 그보다 더 짧아 눈에 보이지도 않는 시간은 어떤 의미를 가질까? 영화 〈엑스맨〉 시리즈와 〈어벤져스: 에이지 오브 울트론〉에 등장하는 '퀵실버'라는 캐릭터는 상대방의 총구에서 총알이 발사되어 목표물에 맞기 전까지 그 짧은 시간 동안 말도 안 될 정도로 많은 일을 해낸다. 주변의 집기들을 재배치하고, 사람들의 자세를 바꿔 버리기도 한다. 무의미할 것 같은 초미시적인 시간에도 제법 세상에 영향력을 끼칠 만한 수많은 일이 일어나고 있음을 이토록 해학적으로 표현한 장면은 흔치 않다.

1초는 특히 상징적인 시간이다. 우선 1초는 모든 시간의 가장 기본 단위로 간주된다. 그래서 문학적으로 흔히 아주 짧은 시간을 비유적으로 표현할 때 쓰이기도 한다. "나는 1초라도 너를 생각하지 않은 적이 없어."라고 말할 때의 '1초'도 굉장히 짧은 순간을 말한다. 과연 1초는 어느 정도의 시간을 일컫는 말일까? 1초는 '세슘 원자(133-55Cs)에서 방출하는 특정한 파장의 빛이 91억 9,263만 1,770번 진동하는 데 걸리는 시간'이라고 정의된다. 왜 세슘 원자인가? 국제도량형총회(CGPM)가 1초를 정의한 1967년 당시의 기술 수준에서, 세슘이 가장 오차 없이 측정 가능한 원자였기 때문이다. 요컨대 특정 원자가 91억 번 이상 진동하는 구체적 시간을 1초라는 상징으로 개념화해 놓았다고 볼 수 있다.

우주물리학자들은 우주의 역사를 약 150억 년으로 본다. 그렇다면 그 유구한 우주의 역사에서 인간이 출현하여 생존한 기간은 얼마나 될까? 150억 년을 1년으로 치면 인간의 역사는 과연 얼마의 시간으로 환산될까? 놀랍게도 그 시간이 바로 1초다. 우리 인간은 1년의 우주 역사에서 불과 1초를 산 존재다. 이에 1초는 마치 먼지와 같은 인간을 한없이 겸허하게 만드는 시간이기도 하다.

미시의 세계, 미시의 시간

인간은 눈에 보이지 않는 것을 보고 싶어 하는 지적 호기심이 있다. 눈에 보이지 않는 우주적 원거리를 첨단 망원경을 개발해 가까이 보고 싶어 하지만, 그 반대로 맨눈으로는 보이지 않는 초미시적인 세계를 더 자세히 들여다보는 것에도 관심이 많다. 물질을 쪼개서 분자에서 원자로, 다시 양성자·중성자·전자로, 그리고 다시 쿼크로, 인간은 물질을 이루는 가장 작은 최후의 단위까지 보고 싶어 한다.

물질뿐 아니라 시간도 마찬가지다. 인간은 시간을 자꾸 쪼개고 쪼개서 1초보다 더 작은 밀리초(millisecond, 1,000분의 1초), 마이크로초(microsecond, 100만분의 1초), 나노초(nanosecond, 10억분의 1초)에 관심을 둔다. 그 짧은 시간 동안 일어나는 일을 포착하기 위해 고속 카메라 기술을 개발했고, 이제는 1초에 무려 2억 장의 사진을 찍는 고속 카메라를 만들어 총에서 발사된 총알이 공중에서 정지한 것 같은 모습의 선명한 사진을 얻는다. 영화 속에서나 가능하던 '퀵실버'의 눈을 실제로 갖게 된 것이다.

인간의 호기심은 여기에서 그치지 않는다. 심지어 펨토초(femtosecond, 1,000조분의 1초) 영역까지 파고든 연구 성과가 이미 1980년대 말에 있었다. (캘리포니아공대의 아흐메드 즈웨일 교수가 펨토초 레이저 섬광을 이용해 사진을 찍듯, 화학적으로 반응하는 원자나 분자의 움직임을 관찰하는 기술을 개발했다.) 상상조차 힘든 그 짧은 시간에 무슨 일이 일어나기는 할까? 1펨토초는 1초에 지구 둘레를 일곱 바퀴 반을 도는 빛조

차 머리카락 굵기 정도의 거리도 지나가지 못하는 짧은 시간이다. 그런데 인간은 이 짧은 시간에 분자 안 원자가 진동한다는 사실을 과학적으로 밝혔다. 감히 상상할 수도 없는 일을, 과학자는 현실에서 입증한 것이다. 이제 바야흐로 인류는 펨토초를 1,000개로 쪼갠 아토초(attosecond, 100경분의 1초)로, 인간이 통제 가능한 시간의 영역을 더 바짝 조이고 있다.

우리말에도 짧은 시간을 나타내는 다양한 표현이 있다. 눈동자를 한 번 힐끗 움직여 보는 시간을 '별안간(瞥眼間)'이라 하고, 빗방울이 하늘에서 땅으로 떨어지는 시간은 '삽시간(霎時間)'이라고 한다. 그 밖에 '촌각을 다툰다'고 말할 때의 촌각(寸刻)은 (어감상 매우 짧은 시간처럼 느껴지지만) 원래 물시계의 한 눈금을 가리키던 말로, 대략 90초에 해당한다. '여러 가지 사건이 순식간에 일어났다.'라고 말할 때 쓰는 '순식간(瞬息間)'이라는 말도 있다. 눈을 한 번 깜짝하거나 숨을 한 번 쉴 만한 아주 짧은 시간을 의미한다.

우리가 흔히 말하는 '찰나의 순간'은 얼마나 짧은 시간일까? 찰나는 산스크리트어에서 나온 말로 75분의 1초(약 0.013초)에 해당한다. 뇌과학자의 연구에 따르면, 인간의 뇌는 60분의 1초(약 0.017초)보다 짧은 시간에 일어나는 일은 인식하지 못한다고 한다. 이것으로 미루어 본다면, 찰나의 순간은 인간이 인식하지 못할 정도로 매우 짧은 시간이다.

'찰나'는 표준 국어 대사전의 풀이에 의하면 10^{-18}을 가리키는 말이기도 한데, 10^{-18}을 나타내는 '찰나'에 '초(秒)' 단위를 붙이면 '찰나초'

다. 이것은 공교롭게도 앞서 말한 서양의 아토초와 정확히 일치하는 시간이 되어 흥미롭다.

찰나의 시간에 일어나는 일마저 관찰하고 싶은 인간의 욕망, 그 끝은 어디일까? 짧디짧은 초미시적 세계를 지배하게 된 인간은 또 그 짧은 시간 속에서 어떤 과학기술을 만들어 낼까? "촌각(90초)을 아껴서 공부하라."라는 옛 격언은, 미시의 시간을 지배하게 될 미래의 어느 날 '아토초의 시간도 아껴라.'라는 말로 바뀌게 될지도 모르겠다.

시간 단위

밀리초(millisecond, 1,000분의 1초)
마이크로초(microsecond, 100만분의 1초)
나노초(nanosecond, 10억분의 1초)
펨토초(femtosecond, 1,000조분의 1초)
아토초(attosecond, 100경분의 1초)

**자아실현의 경향성과
리더십**

빅 볼이냐? 스몰 볼이냐?
그것이 문제로다

자율 야구 vs. 관리 야구

한국프로야구(KBO) 리그에는 각 구단 감독의 지도 스타일에 따라 두 가지 야구 유형이 나타난다. 우승 팀 감독의 성향을 연도별로 살펴보면 이 두 유형이 교차된다는 사실을 알 수 있다.

첫 번째 유형은 이른바 관리 야구다. '야구의 신(神)'이라는 별명이 붙은 김성근 전(前) 한화 이글스 감독이 관리 야구를 추구한 대표적인 감독이다. 한국프로야구 출범 초창기부터 지도자로 활약하면서 통산

3회의 리그 우승을 거둔 그는, 관리 야구의 대가로 불릴 만큼 여러 작전에 능하고 선수들을 철저히 관리한 것으로 유명하다. 투수 출신으로 일본 야구를 경험했던 김 감독은 관리 야구의 신봉자였다. 그는 개별 선수들의 개인 기록은 물론, 승패에 영향을 미칠 수 있다고 판단되는 모든 데이터를 축적하여 관리했다. 그래서 경기 중 작전은 물론, 선수 관리까지 모두 계산에 넣고 구단을 치밀하게 꾸려 갔다. 또 선수 개개인의 플레이보다는 팀플레이에 주력했다.

두 번째 유형은 자율 야구다. 일본과 미국에서 두루 경험한 선진 야구를 한국 프로야구에 적용하여 리그의 수준을 한 단계 올리려고 노력한 이광환 전 LG 트윈스 감독이 자율 야구의 창시자라 할 만하다. 이 감독은 5회 이전에는 희생번트를 하지 않는 등 작전이 많은 야구보다는 선수가 창의성을 발휘하는 야구를 추구했다. 요컨대 그는 객관적 데이터에 전적으로 의존하기보다는 선수들의 능력과 자율 의지에 경기 운영을 맡기는 지도자였다. 감독의 이런 스타일은 팀보다 선수가 경기의 주인공이 되는 효과를 낳는다.

미국이나 일본에서는 최근 '빅 볼(big ball)', '스몰 볼(small ball)'이라는 말을 많이 사용하는데, 이는 우리나라의 자율 야구나 관리 야구와 연관 지을 수 있다. 쉽게 말해 빅 볼은 선수 개개인의 능력에서 나오는 장타, 홈런 등에 의존하는 야구이고, 스몰 볼은 도루, 번트, 단타, 희생플레이 등 조직력을 극대화하는 작전 위주의 야구다. 미국 메이저리그가 주로 빅 볼을 추구하고, 한국이나 일본이 스몰 볼을 추구하는 경향이 있다. 전자는 자율 야구에 가깝고, 후자는 관리 야구의 개념과 유사하다. '자율 야구가 빅 볼을 추구하고, 관리 야구는 스몰 볼을 추구한다'고 표현해도 얼추 맞겠다.

모든 스포츠에는 빅 볼과 스몰 볼이 있다

빅 볼과 스몰 볼은 비단 야구에만 국한되지 않는다. 작전과 선수의 기량이 고루 중요한 스포츠의 특성상 모든 종목에는 빅 볼을 추구하는 감독과 스몰 볼을 추구하는 감독이 있을 수밖에 없다. 예를 들어 1990년대를 풍미한 미국프로농구(NBA)의 시카고 불스는 마이클 조던이라는 슈퍼스타급 기량을 뽐내는 선수와 데니스 로드먼Dennis K. Rodman 같은 팍팍 튀는 개성을 지닌 선수, 스코티 피펜Scottie M. Pippen 처럼 별 개성은 없지만 성실하기만 한 선수 등 좀처럼 섞일 것 같지 않은 다양한 선수가 해마다 이합집산한 팀이었다. 그럼에도 불구하고 시카고 불스는 1990년대 NBA를 지배했을 정도로 강력한 힘을 발휘했다.

혹시 그 팀의 감독을 기억하는 사람이 있을까? 시카고 불스의 전성기를 지휘한 감독은 바로 필 잭슨Phil Jackson 으로, 전형적인 빅 볼을 추구한 사람이었다. 선수들의 기량이 뛰어나서 저절로 우승했다고? 그렇지 않다. 시카고 불스에는 조던을 제외하고는 특출한 선수가 없었다. 그 당시 잠재된 피펜의 기량을 끌어낸 것, 모두 골칫덩이로 여긴 로드먼을 길들여 기용한 것, 또 식스 맨(sixth man, 벤치 멤버 가운데 기량이 뛰어나 언제든지 투입할 수 있는, 대체 투입 1순위의 후보 선수)을 적재적소에 활용한 것은 벤치에서 묵묵히 코트를 지휘한 잭슨 감독의

지도 역량이었다. 조던과 같은 훌륭한 선수의 자존심을 건드리지 않고 조련한 것도 잭슨 감독이기에 가능했다. 선수는 슈퍼스타로 만들었지만 선수만큼 조명받지 못한 그는, 조용히 벤치를 지킨 천하의 명장이었다.

1990년대 시카고 불스를 정상에 올려 놓았던 필 잭슨 감독(2009년)

그렇다고 해서 농구가 빅 볼만 승리하는 스포츠는 아니다. 우리나라 프로농구(KBL)로 넘어오면 '만수(萬手)'라는 별명을 가진, 울산 현대모비스 피버스를 이끄는 유재학 감독이 있다. 만수는 유 감독의 머릿속에 농구 작전에 관한, 일만 가지의 수(手)가 있다고 해서 지어진 별명이다. 그는 팀에 뚜렷한 슈터가 보이지 않을 때 다양한 함정 수비와 지역 수비, 또 협력 수비로 경기를 풀어 나간다. 또 뒤지는 상황에서도 언제나 수비에서 해법을 찾으며 상대를 긴장시킨다. 공격 상황에서는 다섯 명이 고루 볼을 소유하며 작전에 따라 찬스를 만드는 조직적인 플레이를 선보이곤 한다. 그리고 유 감독은 경기 당일의 선수 컨디션에 따라 주전·비주전을 가리지 않고 적절하게 선수를 기용하는 운영의 묘를 발휘한다. 즉 전형적인 스몰 볼 지도자라고 할 수 있다.

어느 유형의 지도자가 바람직한가?

현대 스포츠에서만 지도자의 유형이 이분화되는 것은 아니다. 나관중의 장편 역사소설『삼국지연의』만 봐도 지도자는 두 유형으로 극명히 갈린다. 천하를 호령한 조조와 유비를 우승컵을 들어 올린 역대 스포츠 감독과 비교해 보자.

간웅(奸雄, 간사한 꾀가 많은 영웅)이라 불릴 정도로 머리가 좋았던 위(魏)나라의 조조는 강력한 추진력까지 갖춰서 중요한 일은 혼자 기획하고 도모했다. 조조는 자신의 완벽한 구상으로 국가를 운영하고 전쟁을 이끈 인물이다. 이렇게 꼼꼼하고 치밀하게 매사를 기획한 그는 전쟁에서 십중팔구 승리했다. 하지만 어쩌다가 한두 번 졌을 때는 패전의 원인을 끝까지 파헤쳤다. 조조는 과업에 대한 추진력뿐만 아니라 부하를 다루는 통솔력도 뛰어났다. 즉, 그는 『삼국지연의』에서 대표적으로 스몰 볼을 구사한 지도자인 것이다.

반면에 유비는 전쟁에서 승리하는 경우가 상대적으로 적었다. 그러나 그의 주위에는 도움을 주려는 사람들이 몰려들었다. 조조처럼 강한 추진력이나 통솔력은 없었으나, 민주적이고 친화력이 좋아서 사람을 끌어들이는 묘한 매력이 있었다. 유비는 우유부단한 면모도 있지만, (제갈량을 삼고초려해서 데려온 것만 봐도 알 수 있듯이) 사람 보는 눈이 정확해서 아랫사람의 능력을 파악하는 안목이 뛰어났다. 즉, 부하들이 자신의 능력을 최대한 발휘할 수 있도록 뒤에서 도와주는 데 최고의 수완을 지닌 지도자였다. 그래서 적벽대전 같은 중대한 전쟁에서 부하들이 창의적인 전술을 발휘했고, (조자룡과 같은) 이타적인 행동의 부하가 출현하여 대승을 거두는 데 기여했다. 아주 전형적으로 빅 볼을 구사한 리더이다.

그렇다면 둘 중 더 바람직한 지도자의 유형은 무엇일까? 결론부터 말하면 정해진 답은 없다. 빅 볼과 스몰 볼은 서로 배타적인 장단점을 가지고 있기 때문이다. 정당하게 승리를 챙긴다는 전제하에서, 팀이 처한 상황과 팀의 잠재 능력에 따라 유연하게 작전을 구사하는 것이 최선의 선택이라고나 할까?

빅 볼을 구사하는 감독이 더 호탕하고 '쿨'하게 느껴지긴 한다. 무엇보다 빅 볼을 구사하는 메이저리그 수준이 우리나라보다 한 수 위인 것이 사실이다. 하지만 단기전인 국제 대회에서는 스몰 볼을 구사하는 한국, 일본 야구가 그들을 이긴 경우가 더 많았다. 스몰 볼을 구사할 때 팀의 조직력이나 선수 간 협업 능력이 극대화되기 때문이다.

그러나 스몰 볼은 지나치게 성과 지향적이어서 승리에 집착하는 듯한 인상을 준다. 이런 이유로 스몰 볼은 게임을 재미없게 만들고, 선수 개개인의 능력이나 개성을 무시한다는 비난도 받는다. 결과적으로 스포츠 경기를 보는 재미는 빅 볼에서 더 느낄 수 있으며, 승리라는 실속은 스몰 볼이 조금 더 챙겨 간다고 할 수 있다.

자아실현의 경향성, 그것이 나를 만든다

내로라하는 세계적 선수들이 즐비한 메이저리그에서 40세가 넘도

2014년 7월 본인의 은퇴식에서 시구를 하고 있는 박찬호

록 현역 생활을 이어 간 전설적인 선수 스즈키 이치로^{鈴木一朗}는 평소 동체 시력을 향상시키기 위해 도로를 달리는 자동차의 번호판을 읽는 훈련을 했으며, 시력 보호를 위해서 TV 시청이나 게임기, 휴대전화 사용조차 엄격히 제한했다. 그런가 하면 LA 다저스 소속이던 박찬호 선수가 자택과 야구장을 오갈 때 승용차를 타지 않고 오로지 달리기로만 이동하며 하체 근력을 강화했다는 사실은 유명한 일화다. 박찬호 선수와 이치로 선수의 이런 남다른 노력은 어디서 왔을까?

미국의 인본주의 심리학자 칼 로저스^{Carl Rogers}는 인간에 대해 희망적이고 낙관적인 태도를 보인 것으로 유명하다. 로저스는 '인간은 자신의 모든 잠재력을 발현하여 스스로 성장하려는 성향이 있다'고 말했다. 이것을 '자아실현의 경향성'이라고 하는데, 이는 사람들이 살아가는 데 매우 강력한 동기로 작용한다. 로저스는 인간 본성에 무한 신뢰를 보낸 사람이다. 그는 누구나 자아실현의 욕구가 있기 때문에, 인간 내면의 본성이 가장 자유롭게 기능할 때 건설적이고 창조적인 일을 많이 할 수 있다고 믿었다.

비단 박찬호와 이치로뿐만 아니라 메이저리그에서 필드를 호령하는 발군의 선수들은 본인의 잠재력을 극대화하기 위한 자율 의지로 험한 그곳에서 살아남았다. 자율 의지, 이것은 앞서 로저스가 말한 '자아실현의 경향성'에 해당한다. 누구나 자아를 실현하려는 욕구가 있다는 사실은, 앞으로 스포츠에서 빅 볼의 확대 가능성을 예상케 한다.

개성과 개인적 신념을 존중하는 근래의 시대적 흐름만 봐도 그렇다. 박찬호·이치로 선수처럼 발군의 실력을 뽐낸 슈퍼스타는 선수 개개인의 능력과 자율 의지를 신봉하는 빅 볼에서 나올 가능성이 상대적으로 높다.

이에 비추어 이제 내 주위를 되돌아보자. 지금 어떤 유형의 리더가 나를 이끌고 있는가. 그 리더가 나를 발전시킬 것이라는 확신이 있는가. 또한 지금 내가 어떠한 목표를 향해 나아가고 있다면 스스로를 돌이켜 보라. 나는 다른 사람의 보이지 않는 규율이나 관리에 따라 타성적·관성적으로 행동하고 있는가, 아니면 마음에서 우러나온 '나'의 의지를 바탕으로 능동적·주체적으로 행동하고 있는가. 내가 꿈꾸는 미래의 '나'를 만드는 것은 어쩌면 리더가 아니라 자아실현의 경향성을 가진, 나 자신일지 모른다.

신인왕은 왜
해가 바뀌면 몰락할까?

신인왕이 독이 될 줄이야

일생에 단 한 번밖에 오지 않는다는 소중한 신인상의 기회. 프로
리그에 갓 데뷔한 신인 선수에게는 최고의 영예다. 2018년에도 엄청
난 기량을 갖춘 선수들이 신인상 후보로 올랐다. 슈퍼 루키로 불리며
강력한 후보로 손꼽혔던 KT 위즈의 강백호 선수, 수비가 탄탄한 넥센
히어로즈의 내야수 김혜성 선수, 투수로서 두각을 나타낸 삼성 라이
온즈의 양창섭 선수 등이 후보로 꼽혔다. 치열한 경쟁을 뚫고 신인상

을 받은 이는 역시 강백호 선수였
다. KBO 리그 고졸 신인 최다 홈
런 기록(29개)을 새로 썼고, 2018
년 9월 20일 롯데 전에서는 고졸
신인 최초로 3연타석 홈런 신기록
을 세우기도 하는 등 최고의 데뷔
첫해를 보냈다. 앞으로 강백호 선
수가 또 어떤 멋진 활약을 펼치게
될까?

2018년 신인상을 수상한 강백호 선수

  역대 신인왕을 보면 강백호 선
수의 그다음 시즌을 대충이나마
짐작해 볼 수 있다. 이순철, 유지현, 박재홍, 양준혁, 이병규, 김동수,
이정훈, 김태균…. 지금 '레전드'로 대접받는 이 선수들은 데뷔한 해부
터 출중한 실력을 뽐내면서 어김없이 신인상을 차지했다. 그런데 이
들의 공통점이 하나 있다. 바로 다음 해 약속이나 한 듯 성적이 하락
세를 면치 못했다는 것이다. 최고의 신인으로 칭송받은 출중한 선수
가 다음 해에는 성적이 곤두박질치거나 아예 존재감을 상실한 경우는
허다하다. 아주 극소수의 선수만이 신인 시절의 성적을 뛰어넘어 일
취월장했을 뿐, 거의 모든 선수가 약속이나 한 듯이 이른바 '2년 차 징
크스'에 시달려야 했다. '신인왕'이라는 타이틀은 왜 이들에게 '상(賞)'
이 아닌 '독(毒)'이 되어 버렸을까?

소포모어 징크스, '평균 회귀'로 설명된다

'소포모어 징크스(sophomore jinx)'라는 것이 있다. 소포모어 증후군이라고도 불리는 이 현상은 '프로스포츠에서, 신인으로서 첫해는 성적이 매우 좋았으나 그다음 해에는 부진한 성적을 거두는 현상'을 말한다. '소포모어(sophomore)'라는 말이 일반적으로 '고등학교 2학년' 혹은 '대학교 2학년'을 의미하는 데서 유래했다. '2년 차 신드롬(second season syndrome)', 영국에선 '2년 차 블루스(second year blues)'라고도 한다.

이런 현상은 왜 생길까? 신인상을 수상하면 해당 선수는 언론의 집중 조명을 받는다. 그런데 주변의 과도한 관심은 스트레스를 불러일으키고 이는 다음 해 부진의 원인이 되기 쉽다. 또 입단 첫해에 한꺼번에 에너지를 쏟아부어 다음 해에 힘이 빠질 가능성도 있다. 2년 차 증후군에 빠지게 되는 이유가 하나 더 있다. 전문가들은 보통 선수들이 처음 상대하는 선수에 대한 정보가 부족한 탓에 초반에는 고전할 수 있지만, 1년간 그 선수의 출장 기록이 쌓이면 장단점을 충분히 파악한 뒤 이를 토대로 약점을 분석할 수 있다고 말한다. 즉 주목받는 신인왕을 상대할 때 상대편은 더 철저히 대응책을 세운다는 뜻이다.

다른 방향으로도 부진의 원인을 분석할 수 있다. 이른바 '헝그리 정신'의 실종이다. 1군 무대에 서기 위해 피땀 흘려 노력한 초심을 잃어버렸기 때문이라는 것이다. 의외로 잘 풀린 데뷔 첫해의 기억으로, 선수는 다음 시즌에 안이해지기 쉽다. 또 신인왕이라는 타이틀을 받으면 자연스레 자만에 빠져 해이해진다. 엄격하던 자기 관리도 소홀해지고 훈련량도 줄어들게 된다. 이쯤 되면 다음 해 성적은 불을 보듯 뻔하지 않겠는가?

통계학자나 심리학자는 소포모어 징크스를 '평균으로 회귀하는 현상'으로 진단한다. 평균으로의 회귀(regression toward the mean)란 '어떤 데이터가 단기적으로는 극단적인 값을 보일 때도 있지만, 데이터가 축적되어 갈수록 극단의 값이 사라지고 결국 평균값을 보이는 경향성'을 의미한다. 야구를 예로 들어 설명하면, 타자의 '타율'이라는 지표는 단기적으로는 큰 폭으로 오르락내리락해도 장기적으로는 평균값으로 수렴하게 된다.

가령 '안타 제조기'로 불릴 만큼 타격에 뛰어난 선수가 초반 5게임에서 타율이 1할대에 그치는 극도의 부진을 보였더라도, 시즌이 끝나면 결국 3할 타자가 되어 있다. 반대로 늘 2할을 치던 선수가 초반 5게임에서 4할의 타율을 보였다고 해서, 그 선수가 시즌 종료 때까지도 4할을 줄곧 유지할 것이라고는 아무도 예상하지 않는다. 이것이 우리가 무의식적으로 '평균 회귀 현상'을 인식한다는 증거다.

'평균 회귀'는 아주 뛰어난 성적을 거둔 뒤 평균 수준으로 되돌아가는 경향을 의미한다. 따라서 신인상을 받은 유망주가 이듬해 평범한 선수가 되었다고 해서 대중이 비아냥거릴 필요는 없다. 그는 평균으로 회귀했을 뿐이다.

평균 회귀는 선수의 실력보다 운이 많이 작용하는 스포츠 종목일수록 뚜렷하게 나타난다. 가령 볼링이나 골프, 축구 등은 다른 종목

에 비해 상대적으로 운이 많이 작용해서 종종 이변이 일어난다. 반면에 육상이나 수영, 탁구, 배구 등은 선수의 실력이 운보다 더 크게 작용하는 대표적인 스포츠다. 그래서 이와 같은 종목 경기에서는 선수들의 기복이 크지 않아 평균 회귀도 거의 일어나지 않는다. 가령 오늘 신기록을 세우며 우승한 육상 선수는, 다음 경기에서 또 1위를 할 확률이 높다. 그 선수가 평균으로 회귀하여 꼴찌를 할 것이라고는 상식적으로 생각하기 힘들다.

야구에는 선수 개개인의 실력도 실력이지만, 운도 상당히 개입한다. 잘 맞은 타구가 야수 정면으로 가서 아웃되기도 하고, 빗맞은 타구가 안타가 되기도 하며, 아웃이 될 평범한 타구도 운 좋게 상대편이 수비 실책을 범하면 출루할 수 있다. 또 주자가 없을 때는 단지 플라이

아웃인 타구가 주자 3루 상황에서 나오면 타점으로 이어지는 등 야구에는 셀 수 없을 정도의 수많은 운이 작용한다. 그래서 제아무리 1위를 달리는 팀이라도 승률은 60%를 조금 넘는 수준이다. 또 10위 팀이라도 1위 팀에 얼마든지 승리를 거둘 수 있다. 이렇듯 타 종목에 비해 야구에는 운이 많이 개입된다. 데뷔 1년 차 신인왕이 2년 차 시즌에서 성적이 떨어지는 소포모어 징크스는 이런 야구 속성에 기인한다.

이 세상 모든 일이 운칠기삼

소포모어 징크스에서 보듯 스포츠에서는 운이 상당 부분 작용한다. 사실 스포츠뿐만 아니라 이 세상 모든 일은 능력으로만 성공 여부가 결정되지 않는다. '능력' 요인과 '운' 요인의 오묘한 함수관계에 따라 성패가 좌우된다. 2002년에 노벨 경제학상을 수상한 이스라엘 출신의 행동경제학자 대니얼 카너먼Daniel Kahneman 교수의 주장에 따르면, 개인의 능력과 성공의 상관관계는 30% 정도에 지나지 않는다고 한다. 나머지 70%는 운에 달려 있다는 것이다. 이 말은 본인이 아무리 뛰어난 성과를 거두었다고 해도 '내가 잘나서 잘된 것이 아니라 운도 따랐다'는 의미가 된다. 곧 능력보다 운이 성공의 지배적 요인이라는 뜻인데, 동양의 '운칠기삼(運七技三)'이라는 말을 현대 경제학으로 재해석한 듯해 흥미롭다.

사람들은 승진한 이를 두고 그 사람은 '관운(官運)이 있다'거나, 높은 업무 성과를 거두게 된 것은 그 사람에게 '인복(人福)이 있어서'라고 말한다. 우리가 개인의 성공을 (눈에 보이지도 않는) '관운'이나 (내가 아닌 타인의 영향을 뜻하는) '인복'으로 돌리는 이유는, 카너먼 교수가 주장한 대로 운이 큰 성공 요인임을 은연중에 인정해서 그런 것 아닐까?

그런데 운은 인간이 자유자재로 조절할 수 있는 영역이 아니다. 결국 운은 확률의 문제로 귀결된다. 확률은 인간의 힘으로 제어할 수 없다는 단점이 있지만 누구에게나 공평하게, 보편적으로 적용된다는 장점도 있다.

흔히 오르막이 있으면 내리막도 있고, 흐린 날이 있으면 맑은 날도 있다고들 한다. 이 말들은 일상에 공평하게 적용되는 확률의 힘을 내포한다. 신인왕을 거머쥔 데뷔 첫해는 오르막과 맑은 날이지만, 소포모어 징크스를 앓게 되는 2년 차는 내리막이거나 흐린 날에 해당한다. 이런 속담을 보면, 아마 우리 선조들은 평균으로 회귀되는 삶의 원리를 일찌감치 깨달은 모양이다. 언젠가 시간이 지나 평균으로 회귀할 것들을 두고, 일시의 성공과 실패에 일희일비하지 말라는 소중한 깨달음 말이다.

평균 회귀 현상은 2년 차 징크스에 시달리는 프로야구 신인왕의 저조한 성적을 변론하는 데만 유용한 것이 아니다. 이 말을 거꾸로 해석하면, 끝없이 추락할 것 같은 절망 속에서도 반등의 희망은 있다는 의미가 된다. 오늘 비록 실패했더라도 자신의 능력과 잠재력을 믿는다면, 내가 도전하는 일의 성과는 반드시 평균으로 회귀하는 경향성을 보일 것이다. 그러므로 오늘 실패를 하면 할수록 내일은 내가 가진 능력을 향해 점점 더 회귀할 확률이 높아진다. (단, 회귀하기 위한 자신의 평균치 능력을 한껏 올려놓으려는 평상시의 노력을 게을리해서는 안 된다.)

경제도 활황기가 있고 침체기가 있다. 영원한 활황도 없고, 영원한 침체도 없다. 증시의 주가도 급등과 급락을 반복하지만, 결국 기업의 내재 가치를 반영해 일정한 가격으로 수렴한다. 세상 모든 일이 다 그렇다.

올해의 신인왕이 내년의 성공을 보장하지 않듯, 오늘의 실패가 내일까지 이어지지는 않는다. 오늘의 실패에 좌절하지 말고, 실패를 두려워하지 말아야 한다. 세상에는 개인의 능력을 뒷받침하는 수많은 운이 존재한다고, 소포모어 징크스는 실패와 좌절을 '일시적으로' 겪는 우리에게 뜻밖의 희망과 용기를 전한다.

PART 4

사람 :
인간적이고 또 인간적이다

배려와
불인지심

똑같은 종목, 비슷한 장면,
전혀 다른 상황

스포츠맨십, 그것이 뭐기에

지난 2018 평창동계올림픽, 이상화 선수가 스피드스케이팅 여자 500m에서 2위로 결승점을 통과한 직후 태극기를 들고 경기장을 돌며 회한의 눈물을 하염없이 흘렸다. 이때 그를 꼭 안아 주던 한 사람. 그는 뜻밖에도 이상화 선수를 누르고 금메달을 차지한 일본의 고다이라 나오小平奈緒 선수였다. 고다이라 선수는 이상화 선수에게 다가가 서툰 영어로 진심 어린 존경과 위로의 말을 전했다. "난 당신을 존경하

스피드스케이팅 여자 500m 경기가
끝나고 서로 격려하는 이상화 선수
와 고다이라 선수

고 있어." 이 말에 이상화 선수는 이렇게 화답했다. "나는 500m 경기
만 뛰었는데 당신은 1,000m와 1,500m도 뛰었어. 당신이 정말 자랑
스러워." 이렇게 두 선수는 냉혹한 승부의 세계를 뛰어넘은 감동적인
'스포츠맨십(sportsmanship)'을 온 세계에 보여 주었다.

　스피드스케이팅의 다른 종목에서도 비슷한 장면이 연출되었다. 여
자 팀 추월 예선에서 앞 선수들과 한참 뒤떨어져 결승선에 도착한 노
선영 선수에게 다가가 따뜻한 위로를 건넨 외국인, 바로 보프 더용<sup>Bob
J.C.de Jong</sup> 코치였다. 거듭 노 선수에게 다가가서 말을 걸고 위로하는 모
습을 보며 많은 사람이 뭉클해했다. 그런데 이런 뭉클함이 무색하게
도 이날 벌어진 경기 상황은 두고두고 논란이 되었다. 같은 팀 동료
끼리 소통도, 배려도 없던 당시의 플레이가 비난의 대상이 된 것이다.

사람들은 이를 두고 '스포츠맨십이 없다'고 비판하기도 했다.

여기서 '스포츠맨십'은 정확히 무엇을 뜻할까? 체육학 사전은 스포츠맨십을 "스포츠맨이 지녀야 하는 바람직한 정신 자세. 훌륭한 스포츠맨십을 가진 선수는 공정하게 경기에 임하고, 비정상적인 이득을 얻기 위해 불의한 일을 행하지 않으며, 항상 상대편을 향해 예의를 지키는 것은 물론 승패를 떠나 결과에 승복한다."라고 풀이하고 있다.

한편 옥스퍼드 영어 사전에는 '스포츠맨십'이라는 단어가 1749년에 출간된 헨리 필딩Henry Fielding의 소설 『업둥이 톰 존슨 이야기』에서 처음 등장했다고 나와 있다. 이 소설에는 주인공 톰이 대지주 집안에 양자로 들어간 뒤 말을 타고 5개의 울타리를 뛰어넘는 등 발군의 운동 기량을 뽐내며 양아버지를 흡족하게 했는데, 그를 두고 스포츠맨십이 뛰어나다고 표현한 부분이 있다.

정리하면, 오늘날 스포츠맨십은 주로 운동선수의 태도나 자질 등을 이야기할 때 윤리적 의미로 쓰인다. 그러나 스포츠가 귀족의 전유물이던 옛날 영국에서는 기술적 역량이 높다는 의미로 쓰였다. 이를 보면 스포츠맨십의 개념은 고정된 것이 아니라, 시대의 흐름에 따라 얼마든지 변한다는 사실을 알 수 있다.

'배려'가 넘치는 스포츠의 세계

체육학 사전의 정의처럼 상대편에 대한 예의를 지키는 일이 스포츠맨십의 구성 요소라고 한다면, 스포츠맨십은 사실상 상대방을 향한

'배려'의 마음이라고 할 수 있다. 스포츠 경기에는 정해진 규칙 이외에도 알게 모르게 상대방을 배려하는 불문율이 다양하게 존재하는데, 그 속엔 스포츠맨십의 기본 정신이 함축되어 있다.

가령 미국 프로야구 메이저리그에서는 '배트 플립(bat flip)'이 금지된다. 배트 플립은 야구 경기에서 타자가 홈런을 치고 1루로 달려 나가면서 야구 방망이를 던지는 행위를 의미한다. 메이저리그 선수들이 배트를 던지는 행위에 민감하게 반응하는 이유는 상대방의 감정을 존중하라는 불문율에 어긋나기 때문이다. 홈런을 맞은 상대편의 속상한 감정을 헤아려 배트 플립과 같은 과도한 세리머니를 하지 말라는 취지다. 마찬가지 맥락에서 홈런을 친 뒤 공을 오래 쳐다보는 것도 실례로 간주된다. 이렇게 상대방을 배려하는 행동들은 규칙으로 명문화되어 있지 않지만, 리그의 역사가 쌓이면서 자연스럽게 생성된 암묵적인 룰이다.

농구 경기를 들여다보면, 마지막 4쿼터에 점수를 크게 앞선 팀이 작전 타임을 부르지 않는다는 배려의 불문율이 있다. 큰 점수 차이로 앞서며 승리가 확정적인 상황에서 이기는 팀이 작전 타임을 불렀다가는 지는 팀을 자극하는 행동으로 간주될 수 있다. 배구의 경우 득점 상황에서 네트 너머의 상대방을 쳐다보며 득점 세리머니를 과격하게 하는 것을 무례한 행동으로 생각한다.

축구 경기에서는 팀을 옮긴 뒤 친정 팀을 상대로 골을 넣었을 때 세리머니를 하지 않는 것이 불문율이다. 이는 과거 소속 팀에 예의를 지키기 위한 행동 지침이다. 골프 경기에서는 마지막 홀에서 1위를

할 것이 거의 확실시되는 선수가 마지막 퍼트를 할 수 있도록 하위권 선수들이 먼저 홀 아웃(hole out, 홀에 공을 넣음으로써 해당 홀의 플레이가 끝나는 것)을 하며 경기를 마쳐 주곤 하는데, 이것은 1위 선수가 우승 세리머니를 만끽하도록 배려하는 불문율에 해당한다.

그런데 이런 배려의 불문율도 시대에 따라 변해 간다. 초창기 농구 경기에서 덩크슛은 수비수들을 모독하는 행위로 여겨져 금기시되었다. 그래서 덩크슛을 하고 내려오는 선수에게 상대 선수가 일부러 달려들어 신체적 위협을 가하기도 했다. 하지만 지금 덩크슛은 농구 공격 기술 가운데 가장 화려하고 고급스러운 기술로 받아들여져 농구 경기의 꽃이라고 불릴 정도로 그 위상이 달라졌다.

무엇이 그를 1루가 아닌 마운드로 향하게 했을까

맹자는 일찍이 "사람은 누구나 남의 고통을 차마 외면하지 못하는 마음인 불인지심(不忍之心)을 가지고 있다"고 말한 바 있다. 맹자가 말한 '불인지심'은 쉽게 말해 남의 불행을 편하게 넘기지 못하는 마음이다. 즉 다른 사람이 겪는 불행을 남의 일 같지 않게 느끼는 마음이다. 여기서 맹자는 유명한 예를 든다. 사람은 어린아이가 우물 속으로 빠지려는 장면을 목격하면, 누구라도 깜짝 놀라 본능적으로 그를 구하려고 한다. 그렇게 행동하는 이유는 아이의 부모와 친분을 맺기 위해서도 아니고, 마을 사람들과 친구들로부터 사람을 구했다는 칭찬을 듣기 위해서도 아니며, 어린아이의 우는 소리가 듣기 싫어서 그런 것도 아니다. 맹자는 이것을 인간이라면 누구나 가진 불인지심의 발로라고 말한다.

2018년 서울 고척 스카이돔에서 열린 두산 베어스와 넥센 히어로즈의 경기에서 아찔한 장면이 나왔다. 1회말 넥센의 김민성 선수가 친 타구가 순식간에 날아가 두산의 선발투수 김명신 선수의 얼굴을 그대로 강타한 것이다. 공을 맞은 김명신 선수가 마운드 위에서 쓰러지자 관중은 일시에 탄식을 쏟아 냈다. 하지만 경기 규칙상 경기는 중단되지 않았고, 인플레이 상황이 이어졌다. 김민성 선수는 야구 규칙대로 1루로 질주하려 했다.

그런데 불과 몇 미터나 뛰었을까, 자신의 타구가 투수의 얼굴에 맞는 것을 보자 놀란 표정을 감추지 못한 그는 이내 1루 진루를 포기하고 그 대신 마운드로 뛰어올라갔다. 그러곤 주심에게 경기를 중단해 달라는 몸짓을 보냈다. 즉시 경기가 중단되지 않자 주뼛주뼛 마지못해 1루로 향하고는, 베이스 터치 직후 다시 마운드로 급히 돌아갔다. 곧 경기가 중단됐고, 김민성 선수는 피를 흘리는 김명신 선수가 구급차를 타고 경기장을 빠져나갈 때까지 걱정스러운 표정으로 그의 곁을 지켰다.

누리꾼은 김민성 선수가 자신의 기록이나 경기의 승패를 생각하지 않고, 본능적으로 먼저 마운드로 뛰어올라가 상대 선수를 보살핀 행동에 칭찬을 아끼지 않았다. '동업자 정신이 아름다웠다', '너무나도 인간적이었다', '사람을 먼저 생각할 줄 아는 사람이다' 등의 호의적인 댓글이 이어졌다.

김민성 선수는 왜 1루 대신 마운드로 뛰어갔을까? 아마 맹자는 이 상황을 '불인지심' 때문이라고 이야기할 것이다. "어떤 이익을 추구하기 위해서가 아니라, 자신의 손해를 감수하면서까지 불행을 겪는 사람을 차마 눈 뜨고 볼 수 없다는 마음이 그를 마운드로 이끌었다"고 말이다.

재채기보다 참기 어려운 '불인지심'

앞서 말했듯 많은 이들이 평창동계올림픽에서 발생한 팀 추월 경기의 불상사를 스포츠맨십의 부재라고 비판했다. 그런데 살펴보았듯 기존의 스포츠맨십은 상대편에 대한 예의에만 중점을 두었을 뿐, 동료'를 대하는 태도에는 무게중심이 없다. 그렇기 때문에 그날의 불상사를 단순히 스포츠맨십을 가지고 따지고 들면 명쾌하게 설명이 되지 않는다.

그런데 스포츠맨십의 개념을 배려의 마음 혹은 불인지심까지 넓혀 생각해 보면, 평창에서의 불상사는 함께 경기한 팀 동료를 배려하는 마음이 없었기 때문에 일어난 일이라고 말할 수 있게 된다. 또 앞서가는 동료를 따라가지 못해 안타깝고 참담했을 상대방의 마음을 내 불행처럼 여기지 못한 탓, 그것은 '불인지심'이 없어서였다고 말할 수도 있다.

타구를 맞은 투수의 팀 동료보다 먼저 마운드로 뛰어올라간 상대편의 김민성 선수와, 우리나라 동료보다 더 따뜻하게 우리 선수를 위로한 네덜란드인 더용 코치. 그리고 일본인 고다이라 선수가 우리에게 코끝 찡하게 전하는 감동의 원천은 (단순한 스포츠맨십이 아니라) 인간이라면 재채기보다 참기 어렵다는 불인지심, 바로 그것이었으리라.

동영상 함께 보기

김민성 선수의 불인지심
2017년 4월 25일 고척 스카이돔에서 열린 넥센과 두산의 경기. 넥센 김민성 선수의 타구가 두산의 투수 김명신 선수의 얼굴을 강타하여, 김명신 선수가 광대뼈를 다쳐 급히 병원으로 후송되었다. 이때 1루 대신, 마운드에 쓰러진 김명신 선수에게 본능적으로 뛰어가는 김민성 선수의 모습이 화제가 되었다.

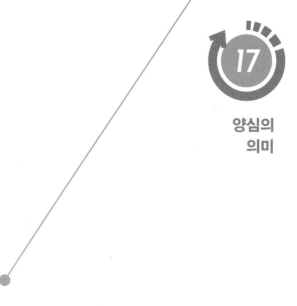

심판의 눈보다 매의 눈,
매의 눈보다 양심

승부냐 양심이냐, 그것이 문제로다

한 테니스 선수가 국제 대회에서 뜻밖의 페어플레이를 선보여 화
제가 된 적이 있다. 미국의 잭 삭Jack Sock 선수와 오스트레일리아의 레
이턴 휴잇Lleyton Hewitt 선수는 2016년 1월, 오스트레일리아에서 열린 호
프먼컵테니스대회에서 맞붙었다. 삭이 첫 세트를 5 대 4로 앞선 상황
에서 휴잇이 서브(공격하는 쪽이 상대편 코트에 공을 쳐 넣는 일)를 넣었다.
공이 빠르게 삭 쪽의 코트를 튕기는 순간, 심판은 공이 선 밖으로 나갔다며 '폴트'(서브의 실패 또는 서브할 때 하는 반칙을 말함)를 선언했다. 이때 삭이 손을 들어 휴잇을 바라보며 소리쳤다.

"공이 선 안쪽으로 떨어지는 것을 내가 봤어요. '폴트'가 아니라 '인'이에요. 심판에게 이의를 제기하는 것이 좋겠네요."

휴잇은 상대 선수의 제안에 다소 당황스러운 표정을 지었다. 심지어 관중석에서도 웃음소리가 들려왔다. 일반적으로 선수는 심판 판정이 자신에게 유리하면, 설령 오심이더라도 침묵을 지키는 것이 관례다. 이 선수처럼 양심선언을 하는 경우는 매우 드물기에 심판조차 매우 당황했다. 심판은 삭을 불러서 공이 정말 선 안으로 들어갔는지 물었다.

"물론입니다. 제가 이 두 눈으로 똑똑히 봤는걸요."

삭은 자신의 두 눈을 가리키며 계속 휴잇에게 이의를 제기하라고 권유했다. 난감해하던 휴잇은 결국 '호크아이(Hawk-Eye)' 판독을 요청하기로 했다. 호크아이는 우리말로 '매의 눈'이라는 뜻인데, 테니스 경기에서 사용하는 비디오 판독 시스템을 가리킨다. 경기장 곳곳에 설치된 열 대의 초고속 카메라는 초당 340프레임으로 공의 움직임을 포착해 삼차원 영상으로 재구성하고, 심판은 이를 본 뒤 최종적으로 판정한다. 선수가 호크아이 판독을 요청하는 것을 '챌린지(challenge)'라고 하는데, 한 세트에 세 번까지 사용할 수 있다.

호크아이 판독 결과, 서브는 삭의 말처럼 '인'으로 확인됐다. 그냥 모르는 척 지나가도 무방하지만, 삭은 자신의 손해를 감수하고 양심적으로 고백했다. 그의 선언은 '페어플레이'와 진정한 '스포츠맨십'이 무엇인지 깨우쳐 준다. 삭은 여기서 멈추지 않고 판정이 번복되자 휴잇에게 자신의 엄지손가락을 치켜세웠으며, 이를 본 관중은 모두 기립해 우레와 같은 박수와 환호를 보냈다.

경기장에 설치된 호크아이의 모습

경기에서 결국 삭은 상대 선수 휴잇에게 역전패했지만, 공정한 자세로 경기에 임했고 부당한 이익을 취하려 하지 않았으며 상대방에게 예의를 지켰다는 점에서 많은 팬과 동료 선수가 그에게 존경을 표했다. 삭은 사람들의 마음속에 정정당당한 패배의 주인공으로 남게 되었다. 그의 양심 고백은 최근 스포츠계에서 찾아보기 힘든, 참다운 스포츠맨십의 모범적 사례라 할 만하다.

배구, 축구, 농구, 야구 등 공을 가지고 경기하는 구기 종목은 공의 위치나 공을 가진 선수의 행위에 대한 규정이 엄격하다. 이를테면 배구에서 경기 중에 네트를 건드리지 못하게 한 '네트 터치', 축구에서 공격수가 최전방 수비수보다 앞설 수 없게 한 '오프사이드', 농구에서 드리블 없이 세 발짝 이상 움직일 수 없게 한 '워킹 바이얼레이션' 등은 선수의 행동을 세세히 제한하는 규정이다. 그래서 심판은 이를 신중하고 엄격히 판정하려고 노력한다.

　심판 판정은 경기 흐름에 큰 영향을 미친다. 하지만 아무리 유능하고 공정한 심판이라고 해도 오심 가능성은 늘 존재한다. 심판이 없으면 공정한 경기 운영이 불가능하지만, 그렇다고 심판을 100% 신뢰하고 경기를 맡긴다고 해서 치명적인 오심의 가능성을 배제할 수 있는 것은 아니다.

　어떻게 하면 공정한 판단을 이끌어 낼 수 있을까? 누군가는 인공지능 심판, 즉 컴퓨터나 로봇 심판의 도입을 주장한다. 하지만 오심도 경기의 일부라는 말이 있듯, 대부분은 오심 없는 경기보다 인간이 진행하는 인간적인 경기 운영을 선호한다. 그래서 인간 심판을 경기장에서 내쫓는 대신, 많은 구기 종목에서는 오심 논란을 막기 위해 챌린지 제도를 마련하여 선수 측이 요청할 때 비디오 판독을 진행한다.

　테니스는 호크아이, 배드민턴은 인스턴트 리뷰(instant review) 등으로 불리며, 우리나라 프로야구도 2017년부터 비디오 판독 제도를 마련하여 오심을 보완할 수 있도록 했다. 비슷한 시기 프로축구도 비디오 판독제를 도입하였다.

이런 제도적 보완책에도 불구하고 오심도 경기의 일부라는 말은 여전히 스포츠계에서 불문율이다. 이 말은 심판의 판정에 권위를 부여하는 기능도 있지만, 다른 한편으론 오심을 정당화하는 말이기도 하다. 과연 오심 없는 공정한 경기는 불가능할까? 이 문제를 해결하는 데 앞서 제시한 테니스 선수의 사례가 좋은 실마리가 된다.

오심이 발생하면, 오심을 유발한 선수는 결과를 알고 있어도 팀이 불리해질까 봐 이를 밝히지 않는다. 하지만 그것이 아무리 팀을 위한 행동이라고 해도 상대를 속인 행위 자체를 도덕적으로 칭찬하기는 어렵다. 아무리 선수 자신에게, 혹은 팀에 유리한 방향이라도 그 과정이나 수단까지 정당화되는 것은 아니기 때문이다. 오로지 양심에 기대어, 오심이 발생한 그 순간 선수가 손해를 보더라도 사실을 떳떳하게 밝힐 수만 있다면 공정한 경기는 얼마든지 가능하다. 하지만 '승리를 지킬 것이냐' 아니면 '양심을 지킬 것이냐'의 선택 상황에서 기꺼이 후자를 따르는 선수가 그리 많지 않다는 것이 문제다. '챌린지'는 선수가 심판 판정에 재검증을 요구하는 절차다. 앞으로는 스포츠 선수들이 자신의 양심을 향해서도 '챌린지'하길 기대해 본다.

양심, 사회 발전을 이끌다

스포츠뿐만 아니라 다른 분야에서도 자기에게 닥칠 불이익, 심지어 시련과 고난을 감수하면서까지 양심선언을 한 사람들이 존재한다. 1990년 재벌 기업의 로비로 감사원의 감사가 중단되었다는 사실을 폭로하여 감사원과 재벌의 유착 비리를 밝힌 이문옥 감사관, 같은 해 보안사(국군보안사령부, 현재 안보지원사)의 민간인 불법 사찰을 폭로한 보안사 소속 윤석양 이병, 그리고 1992년 군부대 부재자투표 부정을 고발한 이지문 중위 등은 우리 현대사에서 대표적으로 손꼽히는 양심적 투사들이다.

지금은 후대 사람에게 칭송받지만, 당시 이들의 양심선언에는 혹독한 대가가 뒤따랐다. 이문옥 감사관은 '공무상 기밀 누설 혐의'로 구속되었고, 윤석양 이병은 '군무 이탈죄'로 징역 2년을 선고받았으며, 이지문 중위는 계급이 강등되는 수모를 겪고 '군의 명예를 훼손한 죄'로 1992년에 불명예 전역했다. 하지만 이들이 두려움을 극복하고 용기를 낸 덕분에, 이후 정경 유착의 고리를 끊으려는 움직임이 일어났고, 당국의 민간인 사찰도 줄어들었으며, 선거 부정을 막기 위한 대안도 마련되는 등 우리 사회는 조금씩 앞으로 나아갔다.

양심에 따라 행동한 어느 일본인의 용기 있는 행동도 특별한 울림을 준다. 2015년 8월, 일본 오사카에서 독도가 한국 땅임을 알리는 '독도 전시회'가 열렸다. 전시회 주최자는 일본 모모야마가쿠인대학 역사학 명예교수 구보이 노리오久保井規夫였다. 『독도의 진실』이라는 책의 저자이기도 한 구보이 노리오 교수는 다양한 자료를 통해 독도가 한국의 영토임을 주장했다. 자국민에게 매국노 소리를 듣고 신변의 위협을 느끼면서까지 그가 양심선언을 하는 이유는 오직 한 가지이다.

"저는 역사학자로서 역사적 진실을 왜곡할 수는 없습니다. 학자로서 제 신념을 지키겠습니다."

양심적 지식인의 움직임은 일본 내에서 점점 확산되고 있다. 일본의 저명한 교수들은 '독도의 날을 다시 생각하는 모임'을 결성하고 '러일전쟁을 위해 독도를 강탈했다'는 일본의 독도 침략 이유를 공개하면서, 이 사실을 숨긴 외무성과 정부 관계자를 강하게 질타했다.

이런 양심선언은 분명 아름다운 일이지만 한 가지 문제점을 안고 있다. 양심선언은 밖에서 보면 양심을 지키는 행동이나, 그 사람이 속한 집단의 처지에서는 배신행위다. 특히 기업은 양심선언을 조직을 배신하는 행위로 규정짓고, 당사자에게 불이익을 주는 경우가 많다. 일종의 '내부 고발'이기 때문이다. 조직 내 양심선언자를 보호하기 위한 법률도 마련됐지만, 실제로는 대부분의 양심선언자가 보복에 고립되어 비참한 결과를 맞는 것이 현실이다.

2015년 전 세계 자동차 시장을 떠들썩하게 한 폭스바겐의 연비 조작 파문. 2011년 한 기술자는 상급자에게 배출 가스 조작 행위가 법에 저촉된다고 보고했다. 이 보고가 당시 엔진 개발 부문 대표에게 전달됐으나, 사측은 그 의견을 무시하고 결국 기술자를 해고했다. 어찌 이것이 폭스바겐만의 일이겠는가. 지금도 우리나라의 수많은 기업 구성원은 불의와 불법이 자행되는 현실 앞에서, 조직의 위계질서와 두려움 때문에 침묵한다. 우리 사회는 여전히 조직을 위해, 팀을 위해 개인의 조그만 양심 정도는 저버려도 된다는 생각에 지배받고 있다.

심리학자의 연구 결과에 따르면, 대부분의 사람은 양심을 지키며 살아가야 한다고 생각하기 때문에 자의든 타의든 양심을 저버리는 행위를 했을 경우, 그것이 이익이 돼도 무의식 속에서 그 행위가 죄책감으로 남는다. 그런데 마음에 쌓인 죄책감은 쉽게 해소되지 않아서, 평생 자신의 무의식을 짓누르는 고통이 될 수 있다고 한다. 바로 이것이 우리가 흔히 말하는 양심의 가책이다. 요컨대 사사로운 이익을 취하느니 힘들고 어렵더라도 양심을 지켜 내는 것이 인간답게 살 수 있는 행동이라는 말이다.

그러려면 사회 구성원 누구나 양심을 지키고 소신 있는 발언을 마음껏 할 수 있는 사회적 분위기가 먼저 조성되어야 한다. 양심선언은 당장 눈앞의 이익을 놓치는 어리석은 행동처럼 보일지 몰라도, 궁극적으로는 사회정의를 실현하는 지름길이다. 우리는 그동안 한 사람의 용기가 사회를 더욱 건강하게 만들고, 역사를 발전시킨 위대한 첫걸음이 된 모습을 수없이 목격했다. 양심의 중요성은 더 말하지 않아도 충분할 것이다.

테니스 경기에서 양심선언한 선수

2016년 1월 호주에서 열린 테니스 국가 대항전에서 미국의 잭 삭 선수가, 상대 선수의 서브가 아웃으로 판정 나자 '비디오 판독을 하라'고 말해 주었고, '인'으로 확정되었다. 잭 삭 선수는 점수를 잃었지만 양심을 지킨 스포츠맨으로 기억되었다.

동영상 함께 보기

'발'에 담긴
인문학

고난의 발, 영광의 발⋯
스포츠 선수는 발로 말한다!

운동선수에게 발은 생명이다

레오나르도 다빈치^{Leonardo da Vinci}는 사람의 발이 "인체공학상 최대의 걸작이자 최고의 예술품"이라고 했다. 최고의 걸작인 발은 운동선수에게 더욱 소중할 수밖에 없다. 1960년 로마올림픽에서 맨발로 달려 우승한 에티오피아의 마라토너 아베베 비킬라^{Abebe Bikila}는 발의 공학적·예술적 위대함을 직접 과시한 인물이다. 물론 아베베가 일부러 신발을 벗어 던지고 '맨발의 역주'를 한 것은 아니다. 아베베는 당시

부상당한 선수를 대신해 갑자기 올림픽에 출전하게 되었고, 자신에게 맞는 운동화를 구하지 못해서 평상시 연습할 때처럼 맨발로 달렸다고 한다. 우승 이후 굴지의 운동화 회사들이 자사의 신발을 그에게 신기기 위해 거액을 제안하며 경쟁적으로 스폰서를 자처했다고 하니 아베베의 발은 자신에게는 영광의 발이요, 운동화를 파는 대기업에는 영업의 발이었을지 모른다.

2018년 1월에 열린 오스트레일리아 오픈테니스대회 남자 단식 4강전에서 정현 선수의 투혼에 온 국민이 감동한 바 있다. 그가 4강전에서 경기 도중 기권했을 때 많은 사람이 의아해했지만, 정현 선수가 매스컴에 공개한 발을 보고 나서야 기권한 이유를 비로소 납득할 수 있었다. 붕대를 풀자 갈래갈래 찢긴 그의 발바닥이 드러난 것이다. 쉴 새 없이 코트를 뛰어다니고, 공의 방향에 따라 급히 자세를 전환해야 하는 테니스 경기의 특성상 발을 혹사할 수밖에 없던 것이다. 그 참담한 발로 4강전까지 세계적인 선수들과 맞섰다니, 승패와 상관없이 그 자체로 이미 기적이라 할 만하다.

우리 스포츠 역사에는 수많은 사람의 뇌리에 남아 있는 영광의 발이 존재한다. 그 발들이 우리에게 감동을 준 이유는 그것이 영광의 발이기 전에 고난의 발이었기 때문이다. 1998년 IMF 외환 위기 시절, US여자오픈챔피언십 골프대회에서 박세리 선수가 양말을 벗고 물에 발을 담그는 순간, 우리는 그의 발에서 피나는 연습의 흔적을 보았다. 잉글랜드 프리미어리그에서 맹활약한 박지성 선수는 자신이 축구 선수로서 적합하지 않은 평발임을 공개하고, 그의 실력이 피땀 어린 노

세계 최고의 명성 뒤에는 보이지 않는 상처가 있다. 왼쪽부터 스피드스케이팅 선수 이상화, 발레리나 강수진, 축구 선수 박지성의 발.

력의 산물임을 밝혔다. 그리고 운동선수는 아니지만 발레리나 강수진의 토슈즈 속에 숨겨진, 수많은 연습으로 인한 나무옹이 같은 상처투성이 발도 잊을 수 없는 영광의 발이다.

발에 대한 인류학적 의미

운동선수에게 발은 가장 중요한 신체 부위이면서, 가장 혹사당하는 곳이다. 스포츠는 기본적으로 움직임에 기반을 두는데, 이때 가장 많이 움직이는 신체 부위가 바로 발이기 때문이다.

우리 신체에서 중요하지 않은 부위는 없겠지만, 특히 발은 인간을 '직립보행'하는 동물로 규정하는 인류학적 근거가 되기에 더 주목할 만하다. 미국의 문화인류학자 마빈 해리스Marvin Harris는 그의 저서에서 "태초에 발이 있었다."라고 했다. 이 말은 인류가 직립하여 두 발로 걸

기 시작한 것이 오늘날의 인류 문명을 이룩하는 원천적 토대가 되었음을 함의한다. 인간은 두 발로 걷기 시작하면서 손이 자유로워졌고, 이때부터 도구를 만들어 사용할 수 있게 되었다.

그뿐만이 아니다. 미국의 심리학자 로버트 프로빈Robert R. Provine 은 인간이 말할 수 있게 된 것도 직립보행 덕분이라고 주장했다. 두 발로 걸으면서 호흡이 원활해졌으며, 성대를 쉽게 사용할 수 있었다는 것이다. 이에 인간은 발달한 발음기관을 활용하여 다양한 소리를 내고, 그 소리에 감정을 담아 표출하는 단계까지 이르렀다. 인간이 서로 원활하게 의사소통하는 능력이 바로 발에 기인했다는 주장이다.

인간이 두 발로 걸을 수 있게 되면서 가족이라는 제도가 성립되었다는 주장도 있다. 미국의 역사학자 조지프 아마토Joseph A. Amato 는 가족의 성립 과정을 다음과 같이 설명했다.

"해부학적으로 수직 구조를 갖고 두 발로 일어서게 되면서 골반과 팔다리의 구조가 바뀌었다. 골반의 두께가 달라지면서 인간 여자가 낳을 수 있는 아기의 크기 또한 달라졌다. 이로 인해 아이를 낳은 뒤 돌보아야 하는 기간도 달라졌고, 그 결과 가족이 발달했다."

발, 언어학적으로 들여다보기

인류학적으로는 대접받는 발이지만 언어적으로는 천대받았다고 해도 좋을 만큼, 언어생활을 할 때 부정적 의미를 내포하는 문장에서 '발'을 빈번히 사용한다는 점이 특이하다. "도둑이 제 발 저리다." "눈치가 발바닥이라." "너는 글씨를 발로 썼니?" "거지발싸개 같으니라고." "나를 발톱의 때만큼도 여기지 않는군." 아마 발이 신체의 가장 낮은 곳에 위치하며, 땅 위의 더러운 것을 밟고 다니기에 연상 작용으로 인해 부정적 의미로 전이한 것이 아닐까 한다.

그런가 하면 흔히 "모자람이 없다고 여겨 더 바라는 바가 없다."라는 의미로 쓰는 '족하다'와 '만족하다', 반의어인 '부족하다'라는 말에 모두 '발[足]'이 들어가는 것을 주목해 보자. 발과 관련해 '만족'한 상태는 무엇이고, '부족'한 상태는 무엇인지 생각해 볼 일이다. 발이 편해야 몸이 편하다고들 하는데, 발의 안락함이 우리가 뇌로 느끼는 만족감의 원천일지도 모르겠다.

발, 사회학적 의미 찾기

앞서 말했다시피 발은 기본적으로 편해야 한다. 그래야 (언어학적으로 살펴봤듯이) 삶에 만족감을 느끼며 인간다운 삶을 영위할 수 있다. 그런데 역사를 살펴보면 발 때문에 지독히 부족한 삶의 질을 경험한 사람들이 있었다. 송(宋)나라 때 시작되어 이후 1,000년 가까이 존속한 '전족'이라는 풍습을 두고 하는 말이다. 전족은 어릴 적부터 여성의 발을 천으로 꽁꽁 동여매 발의 성장을 멈추게 하는 풍습이다. 그 당시 작은 발이 아름다움의 기준으로 통용되면서, 여성들은 너나없이 경쟁적으로 발을 작게 보이려 애썼다.

하지만 작은 발을 여성성의 상징으로 부각해 강제로 발을 억압한 이 풍습은, 사실 남성이 그들의 욕구를 충족시키기 위해 여성을 고통으로 내몬 사회적 악습이었다. 남성들이 생각한 이상적인 발 사이즈가 고작 10cm 남짓이었으니, 여성의 고통이 어땠을지 짐작하고도 남는다. 20세기 초까지 행해진 전족 풍습은 그 흔적이 사진으로 남아 있는데, 정상적으로 자라지 못한 발은 지금 봐도 몹시 흉측한 모습이다. 전족을 하면 불가피하게 발끝으로 종종거리며 걸어야 했고, 등뼈에도 이상이 와서 서 있을 때 꾸부정한 자세가 될 수밖에 없었다.

현대인이 흔히 신는 하이힐에서도 전족과 비슷한 일면을 읽을 수 있다. 하이힐을 신는 일에는 많은 신체적 고통이 뒤따른다. 하이힐을 오랫동안 신으면 크고 작은 신체 변형이 온다는 것은 주지의 사실이다. 하이힐을 신고 다닐 때 허리와 발가락이 받는 압력이 상상을 초월

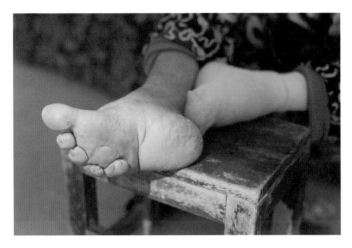

전족은 오래도록 중국 여성의 발과 인권을 억압해 왔다.

한다고 한다. 이 정도면 하이힐이 얼마나 여성의 발을 혹사하는지 쉽게 알 수 있다.

한때 패션계에서는 '킬 힐 바이러스(kill heel virus)'라는 말이 퍼졌다. 1993년, 당시 최고의 모델이었던 나오미 캠벨Naomi E.Campbell이 패션쇼에서 40cm 킬 힐을 신고 워킹을 하던 도중 균형을 잃고 넘어졌다. 그 뒤로도 킬 힐은 많은 사람을 쓰러뜨렸다. 이를 두고 킬 힐 바이러스라고 표현한 것이다.

하이힐의 굽 높이가 경쟁적으로 높아질 때마다, 그만큼 발은 혹사당하고 고통받는다. ('만족'은 발이 편한 것이라는데) 현대인이 신는 하이힐이 주는 만족감의 정체는 무엇일까? 그것은 혹시 이 사회가 하이힐에 강제로 부여한 여러 가지 상징(여성성, 사회적 성공, 아름다움 등)에 불과한 것은 아닐까?

발의 숭고한 의미

예수는 최후의 만찬 직전, 제자들의 발을 일일이 손수 씻겨 주었다고 한다. 일반적으로 타인의 발을 씻겨 주는 행위는 스스로 종이 되어 남을 섬긴다는 의미를 갖는다. 이로부터 유래한 '세족식(洗足式)'은 현대에 와서 특별한 의식으로 행해진다. 종교 행사뿐만 아니라 입학식이나 군 입대식, 어버이날, 스승의날 행사 등에서 행하는 세족식이 단지 보여 주기식 이벤트에 그친다고 해도, 남의 발을 씻겨 주는 행위에 담긴 사랑과 섬김의 의미는 여전히 숭고하게 느껴진다.

그리스 로마 신화에는 아버지를 찾아 길을 떠난 테세우스가 해안가 절벽 위에 살고 있는 '스키론'을 퇴치하는 장면이 나온다. 스키론은 지나가는 사람을 붙잡아 자신의 발을 씻기도록 명령하고는 갑자기 발로 차 버려 절벽 밑으로 떨어트리는 악행을 일삼던 괴물이었다. 테세우스는 스키론의 발을 씻어 주는 척하다가 갑자기 그의 발을 부여잡고 절벽으로 던져 버렸다. 스키론이 했던 똑같은 방식으로 그를 처단한 것이다. 마침 절벽 밑에 서식하던 거대한 거북이가 스키론을 삼켜 버린다. 테세우스가 스키론을 퇴치한 것은 세족의 숭고한 의미를 몰랐던 스키론에 대한 서사적 응징이다.

사람의 발은 평생 동안 지구 네 바퀴 반에 해당하는 거리를 걷는다고 한다. 이토록 고생하는 발에 나는 한 번이라도 감사해 봤던 적이 있던가. 그동안 발을 홀대했던 미안함을 한 편의 시로 사죄해 보는 것은 어떨까?

저에게도 발을 씻을 수 있는

기쁜 시간을 허락해 주셔서 감사합니다

여기까지 길 없는 길을 허둥지둥 걸어오는 동안

발에게 미안하다는 생각을 미처 하지 못했습니다

뜨거운 숯불 위를 맨발로 걷기도 하고

절벽의 얼음 위를 허겁지겁 뛰어오기도 한

발의 수고에 대해서는 미처 생각하지 못했습니다

이제 비로소 따뜻한 물에 발을 담그고 발에게 감사드립니다

• 정호승, 「발에 대한 묵상」에서(『여행』, 창비, 2013)

동영상 함께 보기

아베베 비킬라, 맨발의 역주

1960년 로마올림픽 마라톤 경기에서 금메달을 목에 건 아베베 선수. 그는 경기 내내 신발을 신지 않고 맨발로 달렸다. 그런데도 그의 기록은 당시 세계신기록이었다. 이날 맨발의 역주로 인해 아베베는 아프리카인으로서 최초로 올림픽 마라톤 종목에서 우승한 선수로 역사에 남게 되었다. 아베베는 1964년 도쿄올림픽에서도 금메달을 땄다. 최초의 마라톤 2연패였다.

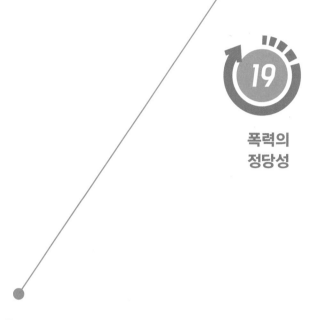

**폭력의
정당성**

그들은 왜 집단 난투극을 벌여도
관중의 환호를 받을까?

폭력이 볼거리가 된다고?

아이스하키나 야구 경기장 안에서 선수끼리 싸움이 벌어졌을 때 양 팀 선수들이 그라운드로 한꺼번에 몰려 나가서 서로 대치하거나 싸움이 일어나는 것을 벤치 클리어링(bench-clearing)이라고 한다. 선수들이 그라운드로 모두 나오면 말 그대로 벤치가 깨끗이 빈다고 해서 벤치 클리어링이라는 이름이 붙었다. 얼핏 패싸움처럼 보이기도 하지만, 사실 벤치 클리어링은 경기의 흐름을 일시에 뒤바꿀 정도로 중요한 의미를 지닌다.

우리나라에서는 대중적이지 않지만, 전 세계적으로 인기 있는 스포츠 종목 가운데 하나가 '아이스하키'다. 아이스하키는 특히 미국, 캐나다 등에서 폭발적인 인기를 끌고 있다. 북미아이스하키리그(NHL) 경기를 관전하다 보면 다소 의아한 벤치 클리어링 장면을 목격하게 된다. 선수들끼리 갑자기 시비가 붙어 치고받고 싸우면 이를 지켜보는 관중은 전혀 당황하지 않고, 이상해하지도 않는다. 오히려 박수를 치면서 환호한다. 물론 심판도 이 싸움을 말리지 않는다. 하물며 어떤 심판은 싸우는 선수의 헬멧을 직접 벗겨 주기도 하니, 선수 간에 일어난 폭력이 방조되는 이 장면이 우리로서는 의아할 수밖에 없다. 스포츠를 즐기는 그쪽 관중의 취향이 우리와 사뭇 다르다는 인상을 받는다.

북미아이스하키리그는 왜 경기장 안에서 벌어지는 폭력을 방조할까? 경기 중에 일어나는 싸움을 이색적인 구경거리로 즐길 수 있게 된 데는 그럴 만한 사연이 있다. 미국에서 아이스하키가 태동한 19세기 말에는 경기 중 서로의 감정이 상할 때 들고 있던 스틱을 들고 싸우는 일이 빈번했는데, 이때 스틱이 무기처럼 사용되어 선수들이 크게 다쳤다. 심지어 목숨을 잃는 일도 심심찮게 발생했다. 그래서 결국 스틱 사용을 금지하고 대신 맨손을 사용하게 했다. 이때부터 북미아이스하키리그는 일대일 싸움을 허용했다. 서부 개척기에 주먹으로 싸워 상대와 대결하던 문화적 배경이 스포츠에도 그대로 적용되었다고 볼 수 있다.

이쯤에서 북미아이스하키리그의 경기 규정을 살펴볼 필요가 있다. 아이스하키는 골을 넣어 승부를 가리는 스포츠라는 점에서 축구·농구와 비슷하지만, 땅이 아닌 얼음판 위에서 경기가 이루어진다는 점에 차이가 있다. 또 축구·농구와 달리 머리부터 발끝까지 육중한 안전 장비를 착용하고 경기를 뛴다. 얼음판에서는 평지처럼 몸을 자유자재로 제어하기가 힘들다. 그래서 선수 간에 몸이 부딪치는 일이 예사다. 이 때문에 아이스하키에서는 몸싸움을 어느 정도 허용할 수밖에 없으며, 상대 선수와 몸을 부딪쳐 막아 내는 것을 '보디체크(body check)'라고 한다. 보디체크 과정에서 주로 시비가 붙어 주먹 다툼으로 이어진다. 북미아이스하키리그는 이런 아이스하키의 특성을 바탕으로, 빈번히 일어나는 다툼을 자연스러운 볼거리로 만들었다. 다만 피를 흘리거나 선수가 쓰러지면 심판이 싸움을 제지하고 폭력을 사용한 선수를 5분간 퇴장시키는 페널티를 준다.

국제 대회 규정은 어떨까? 국제 대회에서는 싸움에 직접 가담한 선수를 잔여 경기 시간 동안 완전히 퇴장시키거나, 싸움이 거칠게 진행되면 몰수패(어떤 경기에서 명백한 과실이 있는 팀의 경기를 몰수하는 것)를 선언한다. 이것만 봐도 북미아이스하키리그가 벤치 클리어링에 상대적으로 관대한 규정을 적용한다는 사실을 알 수 있다. 경기 중 폭력을 정당화하는 뉘앙스마저 풍길 정도다.

워낙 싸움이 자주 일어나다 보니 팀별로 '전문 싸움꾼'을 두어 상대 팀의 스타플레이어를 견제하고, 상대 팀이 고의적이거나 지속적으로 반칙할 때 보복 공격을 가해 경기의 흐름을 바꾸기도 한다. 이

아이스하키는 몸싸움이 자주 벌어지는 운동 경기 중 하나이다.

런 역할을 담당하는 선수를 전문 싸움꾼이라는 뜻을 가진 '인포서 (enforcer)'라고 부른다. 인포서는 일종의 선수 포지션으로 자리매김했을 만큼 아이스하키 경기에서 차지하는 비중이 제법 크다. 그래서 올스타 투표에서는 악동 이미지가 강한 인포서가 골을 많이 넣는 공격수보다 더 높은 득표수를 기록하기도 한다.

2015년 북미아이스하키리그에서 최고 인기 선수로 꼽힌 존 스콧 John Scott이 대표적인 사례다. 인포서 출신인 그는 자신이 넣은 골의 수보다 경기 중 퇴장당한 횟수가 훨씬 더 많은, 이른바 악동 이미지가 강한 선수였다. 북미아이스하키리그 경기장에서 발생하는 폭력 사태는 너무도 일상적이다. 대중은 폭력에 왜 이토록 관대할까?

받은 만큼 돌려주면 폭력이 아니다?

대중이 스포츠 현장의 폭력에 관용적이고, 심지어 그 폭력을 즐기고 있다면 그것은 폭력이 정당화되었다고 볼 수 있다. 존 스콧과 같은 선수를 생각하면 적절한 폭력이 때론 미덕이 되기도 한다. 그렇다면 현실에서는 어떨까? 고대 바빌로니아의 함무라비 법전 제196조에는 "만일 사람이 평민의 눈을 상하게 했을 때는 그 사람의 눈도 상해야 한다."라고 되어 있고, 제200조에는 "만일 사람이 평민의 이를 상하게 했을 때는 그 사람의 이도 상해야 한다."라고 명시되어 있다.

함무라비 법전에 따르면, 타인의 눈을 상하게 하는 일은 폭력이지만 그것이 자신이 당한 것을 그대로 갚기 위한 행위라면 지탄받지 않는다. 또 어떤 사람의 손목을 자르는 일은 참혹한 폭력이지만 그것이 복수로써의 폭력이라면, 설사 손목을 자른다 해도 법전에 근거해 정당한 폭력이 된다. 하지만 현대사회에서는 복수 개념을 기초로, 받은 만큼 돌려주는 형법을 채택한 국가를 찾기 힘들다.

그런데 군사적 측면으로 보면 사정이 다르다. 특정한 국가적 도발이 발생하면 즉각적인 군사 보복이 이루어지는 경우가 많다. 이른바 받은 만큼 돌려주는 사례가 다반사인데, 이를 '팃포탯(tit for tat) 전략'이라고 한다. 2001년 9·11 테러가 발생하자 조지 부시^{George W. Bush} 대통령은 즉각 이 사건을 미국에 대한 명백한 테러로 규정하고, 사전 경고 없이 테러에 개입한 대상에 보복 공격을 감행할 것이라고 천명했다. 그리고 9월 15일, 테러를 주도한 과격 이슬람 단체 알 카에다

(Al-Qaeda) 지도자 오사마 빈라덴$^{Osama\ bin\ Laden}$이 숨어 있는 아프가니스탄에 지상군 투입 결정을 내리고 무차별 폭격을 가했다. 미국은 불과 한 달 만에 아프가니스탄 전역을 함락한 뒤 반(反)탈레반 과도 정부를 세우면서 아프가니스탄 전쟁을 종결했다. 하지만 테러 조직 알카에다를 색출하지 못하자, 2003년 그들은 중동으로 눈을 돌려 이라크 전쟁을 또 일으켰다. 이 전쟁에서도 미국은 완승을 거뒀다. 아무도 이에 이의를 제기하지 않았다.

이렇듯 국제사회에서 군사 보복은 마치 정당화된 폭력처럼 행해진다. 정당한 폭력을 행사했다고 주장하는 해당 국가에서는 '폭력(violence)'이라는 말 대신 '응징(punishment)'이라는 말을 사용한다. 이들이 사용하는 응징이라는 말 속에는 상대의 잘못에 대한 정당한 대응이라는 의미가 내포되어 있다. 즉 자신은 피해자이며, 스스로를 보호하기 위해 어쩔 수 없이 폭력을 사용했다는 것이다.

우리말로 '응징(膺懲)'은 "잘못을 깨우쳐 뉘우치도록 징계함"이라는 사전적 의미를 갖는다. 이 말대로라면 미국의 응징으로 테러 단체가 깨치고 뉘우치면서 테러는 종식되었어야 한다. 그런데 지금도 여전히 테러는 진행 중이다. 그들이 응징이라고 표현한 보복 공격은 결국 복수에 기반한 폭력에 지나지 않는다. 진정한 응징은 상대방이 두 번 다시 같은 잘못을 저지르지 않도록 스스로 깨닫고 반성하게 만드는 것이다. 상대방이 세력을 다시 키워 복수의 칼날을 들이댄다면, 대외적으로 응징이라고 천명해도 결과적으로 폭력의 악순환에 빠져들게 된다.

과연 정당한 폭력이 있을까?

정당한 폭력이란 수사(修辭)적으로 존재할 뿐 현실에서는 찾아보기 어렵다. 우리 사회에서 일어나는 정당방위에 대한 논란만 봐도 그 어려움을 짐작할 수 있다. 형법은 폭력에 죄를 묻지 않는 정당방위를 '상당한 이유'가 있을 때 인정한다. 그래서 집에 들어온 강도를 제압하는 경우에도 상당한 제한을 두어 폭력을 함부로 정당화하지 못하도록 규정한다.

경찰이 제시한 정당방위 기준을 살펴보면 그 조건이 얼마나 까다로운지 알 수 있다. 반격할 때 위험한 물건을 쓰면 안 되고, 침입한 사람이 더 많이 다쳐서는 안 되며, 위협이 끝나면 반격도 끝나야 한다는 점 등이다. 그 밖에도 철저히 방어 행위에 그쳐야 한다는 점, 상대를 도발하지 말아야 한다는 점, 먼저 폭력을 행사하면 안 된다는 점 등 깐깐한 정당방위 요건을 만들어 놓았다. 자신을 지키기 위한 행위마저 정당성을 인정받기 어려울 만큼 현실에서 정당한 폭력의 존재 가능성은 극히 적다.

사실 벤치 클리어링에도 엄격한 제한 조건이 있다. 예를 들어 야구에서 상대 투수에게 위협당한 타자는 배트를 일단 땅에 내던진 뒤에야 마운드로 향하고, 투수는 글러브와 공을 내려놓고 맨손으로 달려오는 상대를 맞는다. 단순히 싸움이라고 생각해서 상대에게 야구공을 던지거나 배트를 들고 위협해서는 안 된다. 과거 메이저리그의 박찬호 선수가 상대를 발로 가격해 비신사적이라는 현지 언론의 비난을 받은

야구 경기에서도 종종 벤치 클리어링이 발생한다.

이유도 보이지 않는 규칙을 지키지 않아서이다. 그래서 야구에서 벤치 클리어링이 발생하면 감독이나 심판이 개입해 싸움을 말림으로써 자연스럽게 어느 쪽에도 치우치지 않는 중립적인 결말을 맺는다.

북미아이스하키리그에서도 반드시 일대일로, 체구가 비슷한 선수끼리 싸워야 하며, 한쪽이 넘어지거나 피를 흘리면 심판이 싸움을 무조건 중지시켜야 한다. 이처럼 엄격한 규칙이 존재하기 때문에 벤치 클리어링은 관중이 즐기는 구경거리가 될 수 있는 것이다.

우리 사회에는 폭력을 정당화하려는 유혹이 너무나 많다. 교육이라는 미명하에 행하는 학교·가정 폭력, 사랑싸움이라는 말로 포장된 데이트 폭력, 기강을 확립한다는 명목하에 선후배 사이에서 자행되는 신고식이나 단체 기합 등이 이에 해당한다. 하지만 폭력은 어떤 이유로도 정당화될 수 없다. 앞에서 살펴보았듯, (일상이 아닌) 스포츠 경기에서조차도 지나친 폭력은 받아들여지지 않는다. 선수는 물론 관중까지도 모두 인정하고 있는 매우 엄격하고도 세세한 제한 조건이 있어서 폭력이 방만하게 행사되는 것을 막고 있기 때문이다.

핏방울이 튈 정도로 폭력이 난무하는 것처럼 보이는 격투기 경기에서도 폭력을 방만하게 행사하지 못하도록 방지하는 규정이 있다. 쇠털같이 작고 세밀한 규칙들이 함부로 폭력을 행사하지 못하도록 안전 울타리를 쳐 놓았다. 스포츠뿐 아니라 현실 세계에서도 사소한 폭력까지 막아 줄, 그런 울타리가 반드시 필요한 시점이다.

**징크스와
루틴**

피하고 싶은 '징크스',
해야만 하는 '루틴'

버릇을 준수(?)하라!

테니스는 매우 민감한 스포츠다. 특히 플레이가 시작되는 서브를 넣을 때는 예민해진 선수를 배려해서 관중은 침묵하는 것이 관례일 정도다. 선수들은 민감한 상황에서 일관된 서브를 하기 위해 자신만의 버릇을 고집한다. 가령 서브를 넣기 전 세르비아의 노박 조코비치 ^{Novak Djokovic} 선수는 수십 번 공을 팅기고, 슬로바키아의 도미니카 시불코바^{Dominika Cibulková} 선수는 새 공을 코에 대고 킁킁대면서 냄새를 맡으

많은 운동선수들이 자신만의 버릇을 가지고 있다. 사진은 러시아의 테니스 선수 마리아 샤라포바.

며, 러시아의 마리아 샤라포바^{Maria Sharapova} 선수는 머리카락을 귀 뒤쪽으로 넘기고, 스트로크(라켓으로 공을 치는 일)를 할 때 괴성을 지르기까지 한다.

"아니, 왜 저런 괴상한 소리를 내지?"

"소리를 질러야 플레이가 제대로 된다고 하잖아."

모든 테니스 선수에게는 특별한 버릇이 있다. 하지만 라파엘 나달 ^{Rafael Nadal}만큼 다양한 버릇을 한꺼번에 구사하는 선수는 아무도 없다.

세계적인 테니스 선수인 에스파냐의 라파엘 나달은 서브를 넣을 때마다 철두철미하게 지키는 버릇이 한두 가지가 아니다. 일단 공을 코트에 세 번 튕긴다. 실수로 두 번이나 네 번을 튕기는 일조차 없다. 이어서 엉덩이에 낀 바지를 오른손으로 잡아 뺀다. 이후 양쪽 어깨와 코, 귀를 차례대로 만지고 나서야 비로소 서브를 넣는다. 그러나 이것은 나달이 서브를 넣기 전에 보이는 행동일 뿐이다.

그는 다른 순간에도 수많은 버릇을 고집한다. 경기 시작 전 코트에 들어설 때 항상 왼손에 라켓을 쥐고, 재킷을 벗는 동안 계속 점프하며, 음료수 병을 자신이 원하는 방향으로만 일정하게 놓는 등의 유별난 버릇은 미국 일간지 〈USA투데이〉가 세부적으로 분석해서 기사화할 만큼 시시콜콜하고 집요하다. 기사에 따르면 나달의 이런 버릇은 열아홉 가지나 된다.

테니스 선수는 아니지만 우리나라에도 버릇 많기로 유명한 선수가 있는데 바로 프로야구 삼성 라이온즈의 박한이 선수다. 그는 타석에 들어서면 투수가 공을 던지기 전에 우선 장갑을 조인다. 그리고 점프로 두 발을 맞부딪히며 신발의 흙을 털어 낸다. 이후 아주 천천히 헬멧을 고쳐 쓴다. 또 다리를 넓게 벌리고 허벅지를 친다. 여기에서 그치지 않는다. 야구 배트로 땅에 선을 긋고 배트를 휘두른다. 다른 선수들에 비해 유난히 준비 동작이 많고 오랜 시간이 걸리기까지 한다.

"준비 동작이 다 끝날 때까지 투수가 기다려 주는 것도 힘들겠어."

"그래도 최상의 타격 능력을 발휘하기 위해 몸이 기억해 둔 감각을 끌어내는 행동이라니까 이해해."

루틴과 징크스, 무엇이 다른가

나달과 박한이 선수는 긴 예비 동작 때문에 종종 시간을 끈다는 비난을 받는다. 그럼에도 불구하고 이들은 한 번도 빼놓지 않고 경기 내내 이런 동작을 취하는데, 바로 이것이 그들의 루틴(routine)이기 때문이다. '루틴'이란 스포츠에서 '어떤 목표 행동을 하기 전에 긴장감을 떨치려고 습관적으로 행하는 반복적 행동'을 일컫는 말이다. 즉 연습할 때 취한 행동을 실전에서 그대로 하는 것이다.

스포츠 심리학자에 따르면, 루틴은 선수가 최상의 컨디션으로 최대 능력을 낼 수 있는 상태를 만드는 데 반드시 필요하다. 바꿔 말해 루틴은 궁극적인 행동 목표를 위한 긍정적인 행동 습관이라고 할 수 있다.

루틴은 스포츠뿐만 아니라 일상생활에서도 흔히 나타난다. 일반인도 루틴에 따라 행동하는 경우가 많다. 예컨대 우리는 등교하면서 평소에 다니던 길로만 다니지, 다른 길로 가려는 시도는 잘 하지 않는다. 매일 다니던 그 길이 심리적으로 가장 안정적이고 익숙하기 때문이다. 수능 시험처럼 중요한 시험을 앞두고서 평소와 똑같이 자고, 평소에 먹는 대로 먹으라고 조언하는 것도 같은 원리다. 그래서 스포츠 선수는 좋은 경기력을 발휘하기 위해 훈련 중 습관을 그대로 경기 전에 반복한다. 이렇듯 자신만의 습관적이고 체계적인 동작을 '행동적 루틴'이라고 한다.

루틴은 행동만 일컫는 말이 아니다. 경기 전 사전 인터뷰에서 "이길 수 있다."라든지 "자신 있다."라고 호언장담하는 선수를 흔히 볼 수 있다. 이런 말은 단순히 허세나 자만심이 아니라, 스스로 잘할 수 있다는 자신감을 불러일으키는 행위다. 자신의 생각을 긍정적으로 유지하려는 일종의 루틴인 것이다. 이렇게 긍정적인 자기 암시로서 스스로를 다스리는 것을 인지적 루틴이라고 한다. 2016년 리우데자네이루올림픽 펜싱 경기에서 "할 수 있다!"를 무한 반복하며 불리한 상황을 극복하고 금메달을 획득한 박상영 선수를 기억할 것이다. 이것이 바로 인지적 루틴을 극대화해 성과를 이루어 낸 좋은 사례다.

루틴은 '징크스(jinx)'라는 개념과 매우 유사하다. 징크스는 원래 좋지 않은 일이 운명적으로 일어나는 것을 말한다. 예컨대 경기 전에 수염을 깎았더니 패했다면 면도라는 행위 자체가 해당 선수에게는 징크스가 되고, 미역국을 먹은 당일에 경기장에서 미끄러지거나 넘어지면 미역국을 먹는 행위는 그 사람에게 징크스가 된다. 축구 경기에서 '골대를 맞추면 그날 이기지 못한다'는 속설도 징크스에 해당한다.

스포츠 선수에게 징크스는 자신이 경험한 행동으로 인해 우연히 나쁜 결과가 초래됐을 때, 그것을 단순히 우연으로 여기지 않고 강력한 인과관계가 있는 것으로 생각해서 과도하게 집착하는 행동이다. 그래서 경기에 패하지 않으려 면도를 하지 않고, 미끄러지지 않기 위해 미역국을 먹지 않으며, 골을 넣어 승리하기 위해 자신의 슛이 골대에 맞지 않기를 바란다. 즉 그들에게 면도, 미역국, 공이 골대에 맞는 일은 피하고 싶은 것이 된다.

루틴과 징크스에 집착하는 선수들의 태도는 모두 스포츠 경기에서

승리를 위한 몸부림이라는 점에서 동일하다. 그렇다면 이 둘은 어떤 차이가 있을까? 혹자는 루틴을 '긍정적 징크스'라고 부르기도 하는데, 루틴과 징크스는 유사하지만 다음과 같은 차이가 있다. 루틴은 긍정적 결과를 끌어내기 위해 '해야만' 하는 행동이고, 징크스는 나쁜 결과를 피하기 위해 '하지 말아야' 할 행동이다. 즉 루틴은 늘 하던 대로 하면 잘할 수 있다는 마음에서, 징크스는 나에게 해가 되는 결과를 피하고 싶은 마음에서 나온다.

세 살 루틴 여든까지 가면 달인된다

의식적이든 무의식적이든 루틴과 징크스가 좋은 목적을 달성하기 위한 행위라면, 이를 실생활에 적용하면 어떨까? 실제로 루틴은 우리 삶에 긍정적으로 작용할 가능성이 크다. 우선 나쁜 징크스를 루틴으로 극복할 수 있다. 수염을 깎으면 경기에서 패배하는 징크스가 있더라도, 평소 루틴이 내 몸에 강력히 자리 잡고 있으면 승리를 쟁취할 수 있다. 징크스는 인과관계가 거의 없지만, 루틴은 인과관계가 강하기 때문이다.

몸에 밴 루틴은 긴박한 순간에도 중요한 사항을 빠뜨리지 않게 해 준다. 또 일관된 행동이나 생각은 상황이 달라져도 사람이 안정된 심리 상태를 유지할 수 있도록 도와주기 때문에, 일에 대한 성공 확률을 높이고 불확실성을 줄인다. 평소 긍정적인 습관을 많이 들인 사람이 스포츠뿐 아니라, 삶 속에서 좋은 성과를 거둘 수 있는 이유가 바로 여기에 있다.

실제로 대부분 예술가는 일정한 루틴이 있다. 우리는 그들이 한없이 자유로운 생활 속에서 작품을 창작한다고 생각하지만, 수많은 성공한 예술가는 의외로 일상의 루틴을 정확히 지켜 나가며 매일 일정 분량씩 일하곤 한다. 프랑스의 작가 베르나르 베르베르Bernard Werber는 아침에 열 쪽 내외의 글을 쓰고, 오후 한 시부터는 사람들과 만나 점심을 먹는 일상의 루틴을 반복한다. 일본 작가 무라카미 하루키村上春樹 역시 아침에는 조깅, 간단한 식사, 글쓰기를 하고 오후에는 휴식, 음악 감상 등 일상의 루틴을 지키며 꾸준히 글을 쓰려고 노력한다.

한 가지 일을 루틴으로 꾸준히 실행하면 전문적인 실력을 갖추게 된다. 스포츠 선수의 루틴이 그를 해당 분야 최고의 선수로 만드는 것처럼, 일상의 루틴도 수십 년 동안 축적되면 TV 프로그램에서 소개되는 수많은 달인같이 특정 분야에서 두각을 나타낼 수 있다. 생활 속 달인들은 수없이 반복되는 연습과 경험을 통해 작업의 효율을 극대화하는 루틴을 개발하고, 그것을 무한 반복하면서 성과를 거두었다. 스포츠 중계를 보며 특정 선수의 루틴이 지루하고 재미없다고 투덜거리는 사람도 더러 있으나, 한 분야에서 성공하기 위한 노력의 산물이라고 생각하면 그리 투덜거릴 일만은 아니다.

캐나다 저널리스트 말콤 글래드웰Malcolm Gladwell이 쓴 『아웃라이어』라는 책에는 '1만 시간의 법칙'이 나온다. 이 법칙은 어떤 분야에서 성공하려면 열정을 가지고, 적어도 1만 시간을 투자하고 꾸준히 노력해야 그 분야에서 성공할 수 있다는 의미이다. 1만 시간은 대략 10년 정도 된다. 지루하고 힘들더라도 나만의 루틴이 적어도 10년은 지속되어야 성공한다는 뜻으로 이해하면 좋겠다.

PART 5

사회 :
세상 모든 것을 담다

스포츠, 지구를 지키는 선봉장이 될 수 있을까?

2018 아시안게임 개막식, 무엇이 특별했나?

2018년에는 아시아의 스포츠 대축제 '인도네시아 자카르타-팔렘방 아시안게임'이 열렸다. 이때 아시안게임 역사상 처음으로 두 개 도시에서 공동 개최되어 화제를 모았다. 팔렘방은 아시안게임을 처음 개최했으며, 인구 1,000만 명의 대도시이자 수도인 자카르타는 1962년 이후 56년 만에 또다시 축제를 여는 영광스러운 도시가 되었다. 하지만 자카르타에서 열리는 아시안게임은 2018년이 마지막일지도 모른다. 30여 년 뒤면 자카르타가 세계지도에서 사라질 위기에 처해 있기 때문이다.

인도네시아 반둥공과대학의 한 연구 팀은 2050년경에 자카르타 땅 절반 이상이 물에 잠기고, 특히 북(北)자카르타의 95%가 완전히 자취를 감출 것이라는 충격적인 연구 결과를 내놨다. 최근 20년간 연평균 25cm 이상씩 가라앉고 있는 지반과 급격한 지구온난화 영향에 따른 해수면 상승까지 고려한 예측 결과라고 한다.

더욱이 무분별한 지하수 개발이 상황을 악화시켰다. 애초 상하수도 정화 시설을 갖추는 것보다 지하수 개발이 더 효율적일 것이라는 잘못된 판단으로 지하 깊숙한 곳에서 물을 뽑아 쓴 결과, 물이 있던 곳이 텅 비면서 땅이 주저앉았다. 결국 해수면은 올라가고 지반은 내려가는 설상가상의 상황으로 치달았다.

자카르타의 환경문제는 높아지는 해수면에 국한되지 않는다. 이곳은 원래 세계 최악 수준의 대기오염으로 악명이 높았다. 세계보건기구(WHO)의 대기오염 조사에서 자카르타는 줄곧 위험 수치를 기록하고 있다. 자카르타 거리 곳곳은 마스크를 착용한 시민들로 가득하다. 인도네시아 정부는 이 같은 상황을 극복하고자 아시안게임 기간에 차량 이부제를 도입했다. 또 대회를 앞두고서 자카르타에 자전거 도로를 조성하고 나무를 심는 등 환경문제 해결에 대한 의지를 보였다.

이런 당국의 의지는 아시안게임 개막식에서 그대로 드러났다. 인도네시아는 '자연과 함께하는 아시안게임'이라는 메시지를 전하기 위해 주 경기장에 거대한 세트를 설치했다. 사람들은 실제 산을 옮겨 놓

2018 아시안게임은 친환경을 강조하였다.

은 듯한 세트의 규모에 입을 다물지 못했다. 120m의 높이와 수천 명의 댄서가 춤을 출 수 있을 정도의 압도적인 넓이를 자랑하는 세트에 푸른색 조명으로 비춘 풀과 나무가 어우러져 장관을 이뤘다. 아름답고 독특한 식물과 꽃들을 표현하기 위해 자카르타 인근의 예술가들이 한데 모여 세트를 만들었다고 한다.

"주 경기장에 설치된 저 높은 산은 실제로 만든 거야 아니면 화면이야? 규모가 어마어마한데?"

상징성이 강한 아시안게임 개막식에서 아름답고 큰 산을 무대 배경으로 삼은 것은, 인도네시아 당국이 환경의 중요성을 인지하고 '친환경적 아시안게임'을 만들려는 노력을 하고 있음을 대외적으로 드러내기 위함이었다. 자카르타를 비롯한 대도시 환경 파괴의 심각성을 모든 아시아인이 공유하고, 자연 친화적인 나라로 거듭나겠다는 포부를 개막식으로 천명한 것이다.

그린 올림픽이 지구를 지킨다

바야흐로 '그린 올림픽(Green Olympic)' 시대이다. 환경에 대한 세계적 관심이 높아지면서 올림픽도 친환경적으로 치르자는 취지로 국제올림픽위원회(IOC)가 도입한 개념이다.

"각종 경기장을 건설하는 과정에서 알베르빌의 숲과 땅이 여기저기 파헤쳐졌습니다."

1992년 프랑스 알베르빌동계올림픽은 준비 기간부터 환경론자들의 깊은 우려를 샀던 대회였다. 결국 최악의 환경오염 올림픽이라는 비난을 받게 되자, IOC는 심각성을 깨닫고 이듬해부터 그린 올림픽이라는 이상을 내걸었다.

겉으로만 보면 스포츠 활동이 자연 파괴와는 거리가 멀다고 생각하기 쉽지만, 실상은 그렇지 않은 경우가 많다. 우선 경기장을 건설할 때 주변의 자연을 불가피하게 훼손할 수밖에 없다. 스키장을 만들든 야구장·축구장을 짓든 마찬가지다. 넓은 부지를 필요로 하는 경기장은 자연을 적잖이 훼손한다.

친환경적으로 보이는 골프장을 지을 때도 막대한 산림을 파헤치고, 골프장을 유지, 관리하는 데도 어마어마한 양의 농약을 살포해야 한다. 또 농구장이나 배구장 등을 운영할 때는 난방 기구와 에어컨을 가동해야 하고 수많은 조명을 설치해야 한다. 실로 막대한 에너지를 소모하는 것이다. 다양한 스포츠 현장에서 배출되는 쓰레기나 오염 물질도 환경을 파괴한다.

사정이 이렇다 보니 스포츠 종합 잔치인 올림픽을 개최할 때 광범위한 환경 파괴가 일어나는 것은 당연하다. 더욱이 사람들이 화석연료로 움직이는 교통수단을 이용해 경기장으로 모여들면서 발생한 이산화탄소는 대기 환경에 지속적인 악영향을 끼친다.

이런 상황에서 IOC가 뒤늦게 올림픽을 통해 스포츠가 '지구 환경 지킴이'로 나설 수 있도록 자구책을 강구한 것은 그나마 다행이라고 할까? 그린 올림픽은 이제 자연스레 올림픽의 이상이자 목표가 되었다. 이로 인해 올림픽을 개최하는 도시마다 특색 있는 환경보호 방안을 발표하고 시행하고 있다.

최고의 그린 올림픽

최고의 그린 올림픽을 실현했다고 칭찬받는 대회는 2000년 오스트레일리아 시드니하계올림픽이다. 모든 올림픽 경기장에 가급적 태양열·자연 채광·자연 통풍 방식을 적용했는가 하면, 쓰레기 매립지를 정비해 그 위에 주 경기장을 짓고, 또 빗물을 받아서 재활용할 수 있게 설계하는 등 경기장의 하드웨어 측면에서 매우 친환경적이었다.

이뿐만 아니라 교통수단에서 발생하는 오염 물질을 줄이기 위해 전기 자동차와 대중교통 이용을 장려했고, 나아가 교통수단 이용 자체를 자제시키고자 경기장을 한곳에 집중 배치했다. 모든 경기장 시설이 걸어 다닐 수 있는 범위 내에 있으며, 차량을 이용하더라도 이동 거리를 최소화할 수 있는 아이디어를 구현했다. 그런데 당시 주 경기장 주변에서 이상한 광경을 볼 수 있었다.

"저기 유독 파헤치다 만 공사장처럼 지저분하게 방치돼 있는 곳은 뭐지?"

"저래 봬도 그린 올림픽의 상징이라고 할 수 있는 곳이야."

올림픽 경기장과 전혀 어울리지 않을 것 같은 장소가 그린 올림픽의 상징이 된 데는 그만한 사연이 있다. 사실 그곳은 테니스 경기장 부지로 예정되었던 곳이다. 그런데 공사를 진행하던 중 멸종 위기종인 토종 개구리가 발견되자, 당국은 즉시 공사를 중단하고 그곳 주변을 개구리 보존 지역으로 지정했다. 테니스장보다 특별한 개구리의 서식지를 지키는 것이 더 중요하다고 판단했기 때문이다. 지금 그곳은 생태 관광의 명소로 거듭나 많은 관광객을 불러들이고 있다. 이로써 철새 도래지를 보호하려고 스피드스케이트장 위치를 바꾼 1994년 노르웨이 릴레함메르동계올림픽 이후 가장 극적인 환경보호 정책이 시드니 올림픽에서 연출되었다.

전국적으로 산나물 자생지로 유명하고, 특히 백두대간의 중심으로 주목 군락지가 있어 생태학적으로 매우 큰 가치가 있는 강원도 정선군 가리왕산. 이미 보호림으로 지정된 이 산에 평창동계올림픽 당시 스키 슬로프가 들어서면서 생태 환경이 크게 훼손되었다. 생태학자와 환경론자 들이 스키장 건설을 극구 만류했으나, 복원을 장담하며 경

전면 복원을 두고 논란이 벌어진 강원도 정선 가리왕산

기장 건설을 강행한 당국은 2018년까지도 복원 작업을 시작하지 못했다. 시드니와 릴레함메르의 사례는 그저 부러운 시선으로 바라봐야만 하는 남의 나라 이야기일까?

스포츠는 더 '자연'스럽게 환경 운동을 한다

환경을 보호하고 지구를 지키자는 환경 운동가의 외침은 강력하고 직설적이지만, 반대로 너무나 상투적이어서 그 메시지가 식상하게 느껴질 때가 많다. 하지만 스포츠가 나서 준다면 환경 전문가보다 훨씬 더 자연스럽게, 더 효과적으로 환경문제를 해결하는 데 첨병(尖兵) 역할을 할 수 있다. 스포츠는 이미 남녀노소가 즐기는 대중문화가 된 지

오래다. 따라서 스포츠에 환경과 관련된 긍정적인 메시지를 담는다면 많은 사람에게 잠재적으로 영향을 미칠 수 있다. 앞서 말했듯 환경을 테마로 한 아시안게임이나, 그린 올림픽을 표방한 동계·하계 올림픽 개최 도시가 벌이는 각종 환경 퍼포먼스가 이런 역할을 한다.

그런가 하면 세계적인 스포츠 축제뿐 아니라 개별 종목 경기가 충분히 환경적 기능을 하는 현장을 종종 목격할 수 있다. 우리나라 프로 야구의 SK 와이번스 선수들이 'Let's go! Green'이라고 적힌 그린 유니폼을 입은 적이 있다. 이 옷은 재활용 페트병 자재로 만든 친환경 유니폼이었다. 이런 사실이 대중에게 알려지는 것 자체가 환경에 대한 관심을 재고하는 역할을 한다. 또 인천 SK행복드림구장은 빗물을 모아 잔디를 관리하도록 설계되었다. 나아가 '그린 홈런 존'을 설치하여 그쪽으로 넘어가는 홈런 한 개당 한 그루의 나무를 심고, 자전거로 경기장을 찾는 팬들에게는 입장료 할인 혜택을 제공하는 등 친환경적인 이벤트를 열어 눈길을 끈다.

세계적인 스포츠 브랜드 나이키는 친환경을 핵심 가치로 채택하여, 지속 가능한 패션 사업을 위해 브랜드에 환경적 가치를 더했다. (지나친 상업주의에 대한 반성과 함께) 스포츠에 지구 환경 지킴이로서의 첨병 역할을 요구하는 시대정신의 반영이 아닐까 한다. 이처럼 스포츠가 조금씩 환경보호 활동에 나서 준다면 이를 즐기는 대중도 일상에서 친환경적 사고방식을 자연스럽게 갖게 될 것이고, 이런 사고가 확산되면 미래 환경에 대한 우려도 덜 수 있지 않을까?

제노포비아

관중의 함성 속
'바나나'와 'DVD'에 담긴
불편한 의미

경기장에 투척된 바나나, 관중의 함성 속 DVD

우리는 스포츠 경기 도중 선수들이 종종 음식을 섭취하는 모습을 볼 수 있다. 야구 선수는 플레이가 진행될 때 견과류나 껌을 쉴 새 없이 씹고, 마라톤 선수는 달리면서 도로변 음수대에 놓인 물병을 잡아채서 마신다. 그 밖에도 테니스 선수는 세트 중간에 수시로 의자에 앉아서 음료수를 마시거나 초콜릿 등을 먹고, 축구 선수는 부상 선수를 치료하려고 잠깐 경기장에 들어온 팀 닥터에게 물병을 건네받아 급히

FC 바로셀로나 시절 다니 아우베스가 활약하는 모습

물을 마시기도 한다.

2014년 4월, 에스파냐 프로축구 선수가 경기 도중에 바나나를 먹어서 화제가 된 일이 있다. 축구 경기가 벌어지는 긴박한 현장에서 선수가 바나나를 먹는 모습은 좀처럼 보기 어려운 풍경이다. 사연은 이랬다. FC 바르셀로나의 수비수 다니 아우베스^{Daniel Alves Da Silva}가 코너킥을 차려는 순간, 상대편 관중석에서 난데없이 바나나가 날아왔다.

"원숭이! 이거나 주워 먹어!"

한 관중이 브라질 출신의 아우베스 선수를 원숭이라고 부르며 경기장 안으로 바나나를 던진 것이다. 유럽에서 바나나는 유색인종에 대한 조롱과 비하의 의미로 종종 사용된다. 이것은 명백한 인종차별 행위였다. 그 장면을 목격한 심판은 당황했고, 경기를 중계하던 아나운서도 아우베스 선수를 걱정했다.

"아우베스가 큰 상처를 받겠어요. 이런 일이 더 이상 일어나지 않았으면 좋겠는데…."

하지만 아우베스 선수는 뜻밖의 행동을 보였다. 분노할 것이라는 예상과 달리 그는 아무렇지도 않은 듯 그라운드에 떨어진 바나나를 주운 뒤 껍질을 까서 천연덕스럽게 입에 넣고는 곧바로 코너킥을 찼다. 아우베스 선수의 대응을 바로 옆에서 지켜보던 심판이 민망해할 정도였다.

아우베스 선수는 계속되는 조롱에도 아랑곳하지 않고 경기를 이끌어 나갔다. 경기가 끝난 뒤 인터뷰에서 아우베스 선수는 "바나나를 던진 사람이 누구인지는 모르지만 감사하고 싶다. 그는 나에게 이 경기를 꼭 이겨야겠다는 에너지를 주었다."라며 여유로운 모습을 보여 줬다. 하지만 이 사건은 많은 사람의 공분을 사기에 충분했으며, 상대 팀인 비야레알 CF 측도 바나나 투척자의 신원을 확인해 경기장 출입을 평생 금지하겠다고 선언할 정도로 큰 파장을 일으켰다.

2017년 3월 12일, 잉글랜드 FA컵 8강전 '토트넘 핫스퍼 FC'와 '밀월 FC' 경기를 뛴 손흥민 선수는 해트트릭(한 선수가 한 경기에 세 골 이상을 넣는 일)을 기록하며 소속 팀인 토트넘 핫스퍼 FC를 6 대 0 승리로 이끄는 등 프리미어리그 진출 후 가장 뛰어난 경기력을 선보였다. 하지만 아쉽게도 세간의 관심은 손흥민 선수의 실력이나 기록이 아닌 관중의 야유에 집중되었다. 경기 중 상대 팀인 밀월 FC의 팬들이 손흥민 선수가 볼을 잡을 때마다 'DVD'를 외치며 야유를 퍼부었다. DVD

란 아시아인이 불법 복제 DVD를 판매하는 것을 조롱하는 야유로, 단순히 상대 선수를 향한 조롱을 넘어서 아시아인에 대한 인종차별적 의미를 담고 있어 큰 문제가 되었다. 또한 어떤 관중은 손흥민 선수에게 "He eats your Labrador[그가 너희 집 래브라도(개)를 먹는다]!"라는 구호를 외치고 원숭이 소리를 흉내 내기까지 했다.

이에 손흥민 선수는 최고의 플레이를 보였음에도 불구하고 인터뷰 없이 씁쓸히 경기장을 떠나야 했다. 구단은 공식적으로 항의했으며, 상대 팀인 밀월 FC의 감독조차 "스포츠인으로서 정말 수치스러운 일"이라며 인종차별 행태를 비난했다.

인간에 대한 근원적 비하, 인종차별

왜 이런 일이 벌어졌을까? 스포츠 경기는 연습과 노력을 통해 얻은 실력으로 승부를 펼치는 순수한 경쟁의 장이다. 그러나 스포츠에서는 선수의 노력과 관계없는 인종차별적 행태가 수없이 발생한다. 유럽 프로축구리그에 진출한 선수 대부분은 인종차별적 발언이 섞인 야유를 경험했다. 흑인이나 아시아인뿐만 아니라 남미인, 유대인 등 수많은 사람이 실력이 아닌 인종적 특성으로 차별을 경험하고 있다. 하지만 선수에게 직접적인 야유보다 더 큰 모욕감을 주는 것은, 마치 은어처럼 되어 버린 그들만의 상징물로 선수를 비하하는 행위다. 사람을 원숭이에 빗대어 선수에게 바나나를 던지거나 흔드는 행위, 혹은 "DVD"라고 외치거나 CD를 선수 앞에서 흔드는 등의 인간을 근원적으로 비하하는 행위는 당사자에게 극도의 수치심과 모멸감을 준다.

2000년대로 접어들면서 인종차별이 더 기승을 부리자 축구계는 제재를 강화하거나 결의·선언문을 내는 방식으로 대처해 왔다. 국제 축구연맹은 인종차별 금지 조항을 정관에 넣고 인종차별에 연루된 구단에 승점 삭감, 강등, 리그 퇴출 등 중징계를 내릴 수 있게 했다.

최근에는 강력한 인종차별 정책을 구체적으로 마련했다. 경기장 내에서 인종차별적 행위가 벌어질 경우 해당 경기의 주심에게 3단계에 걸쳐 경기를 몰수할 수 있는 권한을 준 것이다. 1단계는 경기 일시 중단, 2단계는 장내 방송을 통한 인종차별적 행위 중단 요청, 3단계는 경기 몰수 가능이다. 이는 인종차별적 행위가 가장 많이 일어나는 스포츠가 '축구'라는 사실을 시사하며, 상호 존중의 분위기가 정착되기를 바라는 축구팬의 염원을 담은 조치다.

사실 인종차별 문제는 다양한 스포츠 종목에서 발생했다. 1990년대 흑인이라는 이유로 불공정한 판정을 받은 프랑스의 피겨스케이팅 선수 수리야 보날리Surya Bonaly의 사례가 유명하다. 보날리 선수는 대회에서 여러 차례 정상급 실력으로 우승을 차지했지만, 국제 대회에서 편파 판정으로 세 차례나 은메달에 머물러야 했다.

1998년 나가노동계올림픽에서 뛰어난 연기에도 불구하고 또 낮은 점수를 받게 된 보날리 선수는, 다음 날 프리스케이팅 프로그램에서 금지된 기술인 백플립(뒤로 점프하여 한 바퀴 회전한 뒤 착지하는 위험한 기술)에 성공하면서 심사 위원을 향해 차별과 편파적 심사에 대한 무언의 항의를 펼쳤다. 연이은 편파 판정에 승복할 수 없던 것이다. 그는

아름다운 기술을 펼치고 있는 프랑스의 피겨스케이팅 선수 수리야 보날리

이 경기를 끝으로 당당히 은퇴를 선언했다. 이후 국제빙상연맹(ISU)은 심사의 객관성을 보장하기 위해 다양한 개선 방안을 내놓았지만, 여전히 보날리 선수의 퍼포먼스는 스포츠 역사에서 인종차별이 가져온 아픈 기억으로 남아 있다.

각국의 인종차별은 '제노포비아'로 통한다

유럽 스포츠계에서 유색인종은 '소수자'라는 이유로 차별받는다. 그러면 유럽에서 활약하는 다양한 인종의 선수들의 수가 많아지면 상황이 달라질까? 그렇지 않다. 소수자는 절대적인 수치로 정해지는 것이 아니다. 사회를 지배하는 힘을 가진 쪽이 다수자이고 그렇지 못한

쪽은 사회적 약자, 즉 소수자가 된다.

스포츠는 집단 간 차별적 역학 관계가 작용함을 보여 주는 부분적 예에 불과하다. 세상에는 이보다 더 심한 인종차별이 만연하다. 가령 '와스프(WASP)'는 '앵글로색슨계 미국 신교도(White Anglo-Saxon Protestant)'의 줄임말로, 흔히 미국 주류 지배계급을 뜻한다. 신대륙을 일군 이래로 정통 미국인임을 자부하는 그들은 다른 인종 집단에 대해 늘 지배적인 지위를 유지하고자 하였다. 당연히 와스프가 아닌 나머지 집단(예를 들어 유대계나 유색인종)은 미국 사회에서 배척과 차별을 당할 수밖에 없었다. 미국 사회는 지금도 이들의 지배적 영향권 안에 놓여 있다. 정치적·경제적인 성공을 거두려면 미국 사회의 주류를 형성하는 와스프여야 하는 것이 필요조건인 상황이다.

한편 '아파르트헤이트(apartheid)'는 과거에 존재했던 극단적인 인종차별의 사례로 꼽힌다. 이는 남아프리카공화국에서 유럽에서 이주해 온 백인들의 주도하에 1948년부터 본격적으로 행해진 흑백 분리 정책 중 하나다. 아파르트헤이트 정책에 따라 흑인의 거주 지역이 분리되었으며 흑인은 공공시설을 마음대로 이용할 수 없었다. 학교나 병원은 물론 버스, 심지어 벤치까지도 흑인용이 따로 지정되어 있을 정도였다. 아파르트헤이트는 1994년 남아프리카공화국 최초의 흑인 대통령 넬슨 만델라Nelson Mandela에 의해 정책적으로 사라졌다. 그러나 사람들의 뿌리 깊은 인종차별 의식까지 없어졌을 것이라고 장담할 수는 없다.

이번에는 오스트레일리아로 가 보자. 이곳에는 '백호주의(白濠主義)'

라는 인종차별주의가 만연했다. 이는 오직 백인이 오스트레일리아의 주인이라는 생각으로, 특히 아시아인에 대한 배척이 심했다. 금광 개발 붐이 일어나 중국과 인도 노동자가 유입되자 다른 인종의 이민을 아예 금지하는 정책을 펼치기도 했다. 백인 노동자를 보호하겠다는 목적에서였는데, 1970년대 들어서 노동력 부족 현상이 대두되자 슬그머니 자취를 감추기는 했다.

오늘날에는 어떠한가? 2018년 우리나라에서 제주도에 들어온 예멘인에게 난민 지위를 부여하느냐를 두고 갑론을박이 벌어진 사례가 있었다. 그런데 이것이 정당한 논의를 넘어서 타인에 대한 혐오가 되어 버리면 문제이다. 우리는 왜 생전 일면식도 없었던 그들을 혐오하는가? 그들을 혐오하는 것과 인종차별은 별개의 문제인가? 그들을 혐오하는 의식 너머에는 '제노포비아(Xenophobia)'가 자리하고 있는지 모른다. 그리스어로 '낯선 사람'이라는 '제노스(xenos)'와 '공포'를 의미하는 '포보스(phobos)'를 합친 이 말은 다른 문화권에서 온 사람을 혐오하고 증오하는 현상을 뜻한다.

진화 인류학적으로 살펴보면, 집단을 이루어 생활하던 호모사피엔스에게 생존을 위협할 수 있는 낯선 무리는 늘 경계 대상이었다. 인류에게는 본능적으로 낯선 것을 경계하는 심리가 있을 수밖에 없다는 것이다. 그런데 최근 우리나라의 제노포비아 현상은 문화적·경제적 이유를 들 때 더욱 타당하게 설명된다. 외국인 노동자가 국내 일자리를 빼앗는 것처럼 느껴져 경계하게 되고, 여기서 기인한 부정적 인식이 그들을 잠재적 범죄자로 인식하게 만든다. 또한 이슬람문화권에서 온 외국인을 보며 기피하고 두려워하는 태도는 그들의 사고방식을 제대로 이해하지 못한 데서 오는 오해인 경우가 많다.

제노사이드, 인종차별에서 시작된 최악의 결말

이민족에 대해 자기 민족의 우월성을 드러내고, 이민족을 두려워하거나 배척하는 마음이 끝내 '제노사이드(genocide)'에까지 이르게 되면 최악의 비극으로 치닫게 된다. 그리스어로 인종을 나타내는 '제노스(genos)'와 살인을 나타내는 '사이드(cide)'가 합쳐진 이 말은 '집단 학살'을 뜻한다. 이는 특정 집단을 절멸시킬 목적으로 집단 구성원을 대량 학살하는 행위를 말하는데, 일반적으로 종교·인종·이념 등의 극한 대립에서 출발한다.

역사적으로 자행되었던 제노사이드의 사례를 살펴보자. 제2차 세계대전 때 히틀러가 아리안족의 순결주의에 집착한 나머지 수많은 유대인과 집시들을 독가스실로 보냈던 만행이 제일 먼저 떠오른다. 1990년대 중반에 코소보 사태(세르비아로부터의 분리와 독립을 요구하는 알바니아계 코소보 주민과 세르비아 정부군 사이에 벌어진 유혈 충돌 사태)가 발생했을 때, 극단적 민족주의자 슬로보단 밀로셰비치Slobodan Milosevic가 코소보 내 알바니아계 주민들을 1만 명 가까이 대량 학살한 바 있다.

우리 역사에도 제노사이드 피해자로서의 아픈 기억이 남아 있다. 1923년 일본 관동대지진이 발생했을 때 일본 정부는 자국민의 관심을 다른 곳으로 돌리기 위해 조선인에 대한 유언비어를 조장하였고,

이것이 조선인에 대한 제노사이드로 이어졌던 것이다. 이때 수천 명에 이르는 조선인이 학살되었다.

평화로운 공존을 위해

영화 〈어벤져스: 인피니트 워〉에는 가공할 힘을 지닌 '타노스'가 제노사이드를 단행하는 장면이 나온다. 한정된 자원으로 우주가 생존할 수 없다는 그 나름의 판단에서 벌어진 것이었다. 그러나 아무리 거창한 명분이 있다고 해도 어느 누구도 타노스의 판단과 행동을 지지하지는 않는다. 타노스는 다른 이들과의 타협이나 논의 없이 자의적인 판단으로 수많은 이들을 학살했기 때문이다.

앞서 살펴본 역사적 제노사이드의 사례들은 영화 속 타노스보다 훨씬 더 지독한 현실 속 악당들이 주도하였다. 독재자 '히틀러', 인종청소를 자행한 '밀로셰비치', 조선인에게 잔인한 폭력을 일삼은 '일제'가 그랬다. 그들은 오로지 자기 인종과 문화만이 옳다고 믿었던 인종차별주의자들에 불과했다.

인류가 역사의 수레바퀴 속에서 끊임없이 발전하고 눈부신 문화를 이루어 낼 수 있었던 것은 무엇보다도 '다양성'을 보존하려는 노력이 있었기 때문이다. 역사는 누구 한 사람의 힘으로는 굴러가지 않는다. 세계는 타협하고 화해하고 협력하는 과정 속에서 공존해 왔다. 특정 인종을 차별하는 행위는 역사의 발전을 저해하는 행위이다. 부당한 차별과 폭력 없는 세상을 만들어야만 평화로운 공존이 가능하다는 사실을 명심해야 할 것이다.

동영상 함께 보기

다니 아우베스가 바나나에 대처하는 자세
스페인 프리메라리가 2014년 4월 28일 경기. FC 바르셀로나의 다니 아우베스가 35라운드 원정 경기에 선발로 나선 후반 30분, 비야레알의 팬이 코너킥을 준비하고 있는 아우베스에게 인종차별의 의미로 바나나를 던졌다. 그러나 아우베스는 당황하지 않고 자기 앞에 떨어진 바나나를 먹으며 차분히 대처해 눈길을 끌었다.

동생의 이름으로 평생을 살았던
어느 야구 선수 이야기

다른 사람의 이름을 달고 뛰는 야구 선수

야구에서 '노히트노런(no hit no run)'이란 '한 명의 투수가 상대 팀
타선에 단 하나의 안타·득점도 허용하지 않고 승리하는 기록'을 의미
한다. 훌륭한 투수의 척도라고 할 만큼 대단한 기록인 셈이다. 우리나
라 프로야구리그에서 노히트노런을 최초로 달성한 선수는 누구일까?
선동열? 최동원? 대부분 사람이 예전 특급 투수의 이름을 떠올리겠
지만 그 주인공은 바로 대중에게 많이 알려지지 않은, 1980년대 해태

타이거즈 소속의 방수원 선수다.

"투수들이 전부 컨디션 난조라서 이번 경기에 올릴 만한 투수가 없네. 자네가 이번 경기만 선발투수로 나서 주게나."

1984년 5월 5일, 마땅히 선발로 나설 투수가 없어 고민하던 감독이 우연히 그에게 선발투수를 맡겼다가 이루어 낸 대기록이라고 하니, 해당 선수는 물론 감독에게도 잊지 못할 사건이다. 그런데 방수원 선수에게는 노히트노런보다 더 뜻깊은 일이 있었다. 드라마틱한 그의 사연은 이랬다. 방수원 선수의 본명은 원래 방승환. 방수원은 두 살 아래인 친동생의 이름이다. 어릴 때 실종된 동생이 10여 년 동안 나타나지 않자, 아버지는 호적을 정리하면서 사망신고까지 했다.

"수원이가 실종된 지 벌써 10년이 지났어. 살았으면 진작 돌아왔을 텐데…."

"아버지, 희망을 버리지 마세요. 저는 수원이가 꼭 살아 있을 거라고 믿어요."

이때부터 방승환은 자기 이름을 버리고 잃어버린 동생 이름으로 남은 인생을 살기 시작했다. 야구 선수가 되어서도 유니폼 등에 '방수원'이라는 동생의 이름을 새기고 경기를 뛰었다. 언젠가 동생이 자기 이름을 본다면, 다시 만날 수 있으리라는 실낱같은 희망을 품고서 말이다. 그런데 정말로 기적이 일어났다. 보육원에서 자랐다는 친동생이 그동안 프로야구 선수로 활약하는 형을 지켜보다가 1983년 마침내 잠실 야구장에 직접 찾아온 것이다. 그는 틀림없이 방승환의 동생 수원이었다. 유니폼에 동생 이름을 새기고 그라운드를 누빈 그에게 하늘이 응답하면서, 인생 드라마가 완성되었다.

그로부터 33년 뒤 2016년 6월 23일, 프로야구 SK 와이번스 구단의 홈구장인 인천문학경기장에서 특별한 이벤트가 펼쳐졌다. 경기장에 들어서는 선수 유니폼에 낯선 이름이 새겨진 상황. 이를 지켜보는 관중은 술렁거렸다. 선발투수로 마운드에 오른 김광현 선수의 유니폼에는 '정유리'라는 이름이, 포수와 1루수의 등에는 '최준원'이라는 낯선 이름이 있었고, 다른 선수들의 등에도 본인 이름 대신 '이동훈', '모영광', '최솔' 등의 이름이 찍혀 있었다.

"선수들 유니폼에 적힌 이름은 도대체 뭐지?"

관중은 연신 고개를 갸웃거렸다. 잠시 후 장내 아나운서의 안내 방송을 듣고서야 관중은 상황을 이해하고 비로소 박수로 화답했다. 낯선 그 이름들은 바로 실종되어 오랜 기간 집으로 돌아오지 못한 아동들이었다. 실종 아동의 이름을 매스컴을 통해 널리 알려, 그들이 집으로 돌아올 수 있도록 도와주기 위한 행사였다. 경기가 끝나도록 선수들은 아동의 이름이 붙은 유니폼을 벗지 않았다. 33년 전, 방수원 선수 등에 새겨진 자기 이름을 매스컴으로 확인하고 형을 찾아온 동생처럼, 실종된 아이들이 어서 가족의 품으로 돌아오기를 바라는 마음으로 그들은 하루 종일 그라운드를 힘껏 뛰고 또 뛰었다. 선수 유니폼에 붙은 이름 석 자가 누군가에게는 놓치고 싶지 않은 '희망'이기 때문이다.

세상에서 가장 아름다운 리본

집을 잃고 헤매는 아이를 '미아(迷兒)'라고 한다. 길을 잃은 아이가 오랫동안 집으로 돌아가지 못하는 상태가 지속되면, 가족에게 그 아이는 '실종된 아이'가 된다. 경찰청 통계 자료에 따르면 실종되어 집으로 돌아오지 못하는 아이가 우리나라에서만 연간 2만 명이 넘는다. 그중 99%는 다행히 보호자의 품으로 돌아가지만, 나머지 1%는 장기 실종 아동으로 남는다.

아동 실종은 비단 우리나라만의 문제가 아니다. 1979년 5월 25일, 미국 뉴욕 맨해튼에서 등교하던 여섯 살 소년 에단 파츠Etan Patz가 실종되는 사건이 발생했다. 얼마 지나지 않아 아이는 유괴된 뒤 살해된 것으로 밝혀진다. 이 사건을 계기로 1983년 당시 대통령 로널드 레이건Ronald Reagan은 매년 5월 25일을 '세계 실종 아동의 날'로 선포할 것을 전 세계에 제안했다. 곧이어 캐나다와 유럽 국가가 이 뜻에 동참하기 시작했고, 우리나라도 2007년부터 실종 아동의 날을 기념하기 위한 공식 행사를 치르고 있다. 이 행사는 실종 아동에 대한 사회적 책임을 되새기고, 아동 실종 예방의 중요성을 다시 한 번 생각하자는 메시지를 전달한다.

실종 아동의 안전한 귀가를 바라는 희망의 상징으로 캐나다에서 시작한 그린 리본 캠페인도 주목할 만하다. 우리나라에서도 매년 '그린 리본 마라톤 대회'가 열리는 등 실종 아동을 위한 캠페인의 소중한 뜻을 함께한다.

초록우산어린이재단 주최로 열린 아동 범죄 근절 및 실종 아동 예방을 위한 그린 리본 마라톤 대회에서, 참가자들이 출발 신호에 맞춰 달려 나가고 있다.

　　우리 사회에서 실종 아동 문제에 대한 경각심과 관심을 최고조에 이르게 한 사건으로는, 대구에서 발생한 '개구리 소년'을 빼놓을 수 없다. 아이들이 실종된 지 12년 만에 유골로 발견된 이 사건은 여전히 풀리지 않는 미스터리로 남아 있다. 그동안 수많은 시사 프로그램에서 사건을 다루었으며, 이를 소재로 한 영화와 대중가요가 제작될 만큼 많은 사람의 관심을 받았다. 하지만 사건의 실체에 접근하는 데는 역부족이었다.

　　이처럼 여러 노력에도 불구하고 아이를 가족의 품으로 되돌리는 데 한계가 있는 것도 사실이다. 그래서 '파인드 프로젝트' 같은 새로운 운동이 유독 눈에 띈다. 한국산업기술문화재단 측에서 주관하는 파인드 프로젝트는 뜻을 함께하는 아티스트들이 의기투합하여, 각자 작품을 만들어 SNS에 전시·공유하며 실종 아동의 정보를 나누는 실종 아동 찾기 캠페인이다. 가수는 음악으로, 사진작가는 사진으로, 웹툰작가는 만화로, 영상 감독은 뮤직비디오나 다큐로 참여한다. 이처럼 실종 아동 찾기와 예방을 위한 다양한 형태의 노력이 이어지고 있다.

실종 아동 찾기와 예방에 진력하는 것은 인도주의적 측면에서 마땅한 일이다. 아이를 잃어버린 가정은 커다란 위기를 맞닥뜨린다. 가족 구성원이 극심한 슬픔과 우울증에 빠지고 죄책감마저 느끼는 것이다. 여기에서 그치지 않는다. 사회관계가 위축되는가 하면, 가족 간 갈등이 발생해 결국 과도한 스트레스로 가정이 해체되는 극단적인 결과로까지 내몰리는 경우가 허다하다. 요컨대 아동 실종 문제는 우리 사회의 안정성과 건전성을 밑바닥부터 위협하는 요소다.

세상에서 가장 슬픈 박스

아동과 관련된 또 하나의 사회문제는 바로 '버려진 아이'라는 의미의 '기아(棄兒)' 문제다. 기아의 정확한 사전적 의미는 '길러야 할 의무가 있는 사람이 남몰래 아이를 내다 버림. 또는 그렇게 버린 아이'다. 이 의미에 기대어 말하면, 실종 아동·미아 사건은 부모의 의지로 일어난 일은 아닌 반면, 기아는 부모가 의도적으로 행한 적극적 행동이라는 점에서 문제가 더 크다. 더욱이 기아 문제는 자연스레 낙태, (해외) 입양, 미혼모 문제 등 다른 사회문제로 파장이 확대되는 사안이므로 허투루 다뤄선 안 된다.

『삼국유사』에 전하는 이야기를 잠시 살펴보자. 신라 흥덕왕 때 '손순'이라는 사람이 홀어머니를 모시고 살았는데, 그는 없는 살림일망정 매일 품팔이를 해서라도 어머니께 맛있는 반찬을 해 드리는 것을 낙으로 여겼다. 그런데 철없는 손자가 할머니의 밥까지 빼앗아 먹으니 손순이 이를 안타깝게 여겨 아내에게 "우리는 아직 젊으니 자식은 또 낳으면 되지만 어머니는 돌아가시면 다시는 모실 수가 없지 않소. 그러니 어쩔 수 없이 우리 아이를 갖다 버리고 어머니가 밥과 반찬을 배불리 잡수시도록 해야겠소."라고 말했다. 아내도 남편의 말을 들으며 고개를 끄덕거렸고, 결국 손순은 아이를 업고서 깊은 산속으로 들어가 아이를 묻을 땅을 팠다. 그런데 그 땅에는 웬 석종(石鐘)이 있었다. 그가 땅속에 묻힌 종을 울리니, 종소리를 들은 임금이 효성에 감복해 그에게 큰 상을 내렸다.

이 이야기는 손순 내외의 지극한 효심을 부각하는 훌륭한 미담으로 받아들여졌다. 그러나 현대의 관점으로 보면 기아 사건과 다를 바 없다. 그림 형제의 동화 「헨젤과 그레텔」도 마찬가지이다. 식구들이 먹을 식량이 부족해지자, 헨젤과 그레텔의 새어머니는 남편에게 아이들을 깊은 숲속에 버리자고 제안한다. 결국 경제적 빈곤이 아이들을 버린 결정적 이유가 된 것이다. 오늘날 버려지는 아이들도 대부분 부모의 능력(혹은 상황)이 여의치 못한 데 기인한다.

혹시 '베이비 박스(baby box)'라고 들어 본 적 있는가? 스웨덴, 핀란드 등 북유럽 국가에서 임신한 여성에게 정부가 지급하는 유아용

체코의 베이비 박스

품 박스를 가리킨다. 베이비 박스는 속옷, 젖병, 기저귀, 담요 등 신
생아에게 필요한 물품으로 구성되어 있다고 한다. 그러나 우리나라
의 베이비 박스는 전혀 다른 의미다. 베이비 박스는 가로 70cm, 세로
60cm, 높이 45cm 정도의 조그마한 박스로, 부득이한 사정으로 아이
를 키울 수 없는 부모가 아이를 두고 갈 수 있도록 마련해 둔 것을 말
한다.

갓 출산한 신생아를 쓰레기봉투에 넣어 버리거나, 한창 돌봄이 필
요한 아이를 방치해 죽음에 이르게 하는 등 정상적으로 보호받지 못
하고 버려지는 아이가 증가하는 상황에서 고육지책으로 도입한 것이
베이비 박스다. 우리나라에서는 2009년 12월, 서울 난곡동의 이종락
목사가 처음 운영하기 시작했다. (현재 미국, 독일, 체코, 일본 등 20여 개국

에서 베이비 박스를 운영하고 있다.) 베이비 박스 앞에는 "불가피하게 키울 수 없는 장애로 태어난 아기와 미혼모 아기를 유기하지 말고 아래 손잡이를 열고 놓아 주세요."라고 적혀 있다. 2009년 이후 이 박스에 여전히 연간 수백 명의 아기가 담긴다.

베이비 박스를 둘러싼 논란도 뜨겁다. 해마다 증가하는 버려지는 아이의 생명을 구하고 인간답게 살 권리를 위해서는 어쩔 수 없이 필요하다는 긍정적 입장과, 베이비 박스가 오히려 죄책감 없이 아이를 버릴 수 있는 환경을 만들었다는 부정적 입장이 첨예하게 대립한다. 유엔(UN) 아동권리위원회는 2011년 8월, '베이비 박스는 아동권리협약에 명시된, 부모를 알고 부모로부터 양육받을 권리를 침해하므로 중단시켜야 한다'고 권고한 바 있다. 여러분의 생각은 어떤가?

**여성 권리와
문화 다양성**

왜 그들은 히잡을 쓰고
경기에 나설까?

저 유니폼, 왜 이렇게 낯설지?

2017년 삿포로동계아시안게임 여자 싱글 피겨스케이팅 무대. 자
흐라 라리^{Zahra Lari} 선수의 등장은 피겨 팬들에게 색다른 경험을 선사
했다. 겨울 스포츠와는 전혀 상관없을 것 같은 중동 국가 아랍에미리
트(UAE)의 대표 선수라는 사실 자체로도 화제였지만, 무엇보다 그 선
수가 '히잡(hijab)'을 쓰고 경기에 출전한 모습이 관중의 이목을 단번
에 집중시켰다.

2017 삿포로동계아시안게임 피겨스케이팅 경기에서 아랍에미리트의 최초 여자 피겨 스케이팅 선수인 자흐라 라리가 연기를 펼치고 있다.

앞선 2016년 리우데자네이루하계올림픽에서는 이집트의 도아 엘고바시Doaa Elghobashy라는 비치발리볼 선수가 원래 복장인 비키니 대신 긴소매와 긴바지로 온몸을 가리고 히잡까지 두른 뒤 경기에 출전해 큰 이슈가 되었다. 이 두 선수는 우리가 상식적으로 생각하는 복장, 즉 해당 종목의 다른 선수들과는 전혀 다른 옷차림을 하고 경기에 나서 큰 관심을 받았다.

은빛 빙판 위에서 히잡을 두르고 우아하게 피겨스케이팅을 하는 선수, 그리고 가벼운 수영복 차림의 인파 속에서 검은 히잡을 두르고 비치발리볼을 하는 선수. 이 두 모습은 관중에게 낯선 (혹은 어색한) 느낌을 준다. 왜일까? 우선 일반적인 스포츠 복장이 지니는 기능적인 측면에서 모순되기 때문이다. 체열을 발산하려면 공기 중에 살갗이 되도록 많이 노출되어야 한다. 또 경기 중에 민첩하게 움직이기 위해서는 몸이 가벼워야 하는데, 히잡을 머리에 친친 두르면 달아오른 체열을 발산하기도 어렵고, 그만큼 민첩성도 떨어지게 마련이다.

이렇듯 전혀 기능적이지 못한 히잡을 바라볼 때 관중은 호기심과 함께 매우 낯설다는 느낌을 받는다. 무엇보다 히잡을 두른 스포츠 선수 자체를 자주 볼 수 없기 때문에, 이들이 관중의 눈에 익지 않은 것은 너무 당연하다.

히잡, 억압의 상징? 자유의 상징?

이슬람 여성의 의상 가운데 가장 대표적인 것이 바로 히잡이다. 히잡은 여성들이 머리를 가리는 용도의 옷이며 주로 강렬한 햇볕을 피하기 위해 쓴, 아주 오래전부터 전해 내려오는 중동 지역의 풍습 가운데 하나다. 그러다가 이슬람 경전인 코란의 규정에 따라 어느덧 이 '머리 가리개'가 모든 이슬람 여성에게 의무화되었다. 코란에는 여성이 가족 앞을 제외하고는 두건을 써서 몸을 가려야 한다고 나와 있다. 무슬림의 정체성을 표시하는 한편, 남성을 유혹할 수 있는 신체 부위를 가려야 한다는 이유에서다.

하지만 신체의 어느 부위를 어떤 방식으로 가려야 하는지는 코란에서도 구체적으로 밝히지 않아 나라마다 해석에 따라 다른 의상이 나타났다. 무슬림 여성의 의상은 그 노출 정도나 착용 방식에 따라 히

| 히잡 | 차도르 | 니캅 | 부르카 |

잡, 니캅(niqab), 부르카(burka) 등 수많은 종류로 세분화되었다. 특히 가장 보수적인 부르카는 온몸을 천으로 둘러싸고 눈만 겨우 보이며, 심지어 눈에도 망사를 덧대 밖에서 전혀 그가 누군지 알아볼 수 없게 되어 있다.

이슬람문화에서는 온몸을 가리는 이 복장이 여성 무슬림의 정체성을 보여 준다고 말한다. 그러나 다른 문화권에서 보기에 히잡, 부르카 등은 남편이 아닌 다른 남성의 접촉을 차단하기 위한 목적이 강해 보인다. 이로 인해 외부 사람과의 접촉이 줄어들면서, 이 옷들은 자연스럽게 수동적인 여성의 역할을 강화할 가능성이 크기 때문이다. 그래서 흔히 히잡은 여성 인권을 억압하는 상징으로 여겨진다. 특히 아프가니스탄에서는 탈레반이 집권한 뒤 극단적 원리주의 정책을 펴면서 가장 보수적인 부르카 착용을 강제해 이런 인식이 더욱 심화되었다.

이러한 상황 속에서도 이슬람은 무슬림의 복식을 그들만의 문화로

유지해 왔다. 그런데 2011년 프랑스에서 뜻밖에도 공공장소에서 니
캅과 부르카 등의 착용을 규제하는 '부르카 금지법'이 제정되었다. 여
성의 몸을 강제로 가리는 부르카나 니캅이 인권을 침해한다는 이유에
서다. 여성에 대한 억압이며 사회적 강요의 상징인 이 옷을 프랑스 내
에서 착용 금지한다는 것이 요지였다. 과연 무슬림 여성들은 쌍수를
들고 환영했을까? 의외로 많은 여성이 이 법에 반대하는 시위에 참가
했다. 그들의 구호는 이랬다.

"종교의 자유를 침해하지 마라!"

"부르카를 입든 벗든 그것은 내 자유다."

법이 부르카를 벗으라고 강요하는 것 또한 인권 침해라는 비판이
었다. 이 시위에서 보듯 무슬림 여성에게 히잡은 오히려 종교적 자유
이자 권리의 상징으로 기능했다. 2013년 미국 뉴욕에서 시작된 '세계
히잡의 날(2월 1일)'이 실행된 지도 6년이 넘었다. 무슬림이 아닌 사람
들도 이날 하루 히잡을 써 보며 무슬림 여성과 연대감을 느끼는 날이
다. 이슬람 극단주의 세력의 테러와 유럽의 난민 문제 등으로 무슬림
혐오주의가 팽배해지는 상황에서, 세계 히잡의 날은 종교적 관용과
이해를 장려하는 세계적인 행사로 자리 잡아 가고 있다. 또한 문화 다
양성을 이해하려는 노력이기도 하다.

우리가 무슬림 여성의 복장을 인권 침해니, 여성 억압의 상징이니
운운하는 것은 어쩌면 철저히 제3자의 논리일 수 있다. 우리는 그것
을 갑갑하고 불편한 복장으로 여기지만, 누군가에게는 소중하게 지켜
야 할 전통이고 종교적 신념일 수 있다. 따라서 그들에게 함부로 히잡

을 벗어던지라고 말하는 것은 오만이고 편견일지 모른다.

'히잡을 쓰고서라도' 경기에 나서는 이유

히잡을 쓰고 출전한 피겨스케이팅 선수 라리는 당시 언론을 통해 "무엇보다 힘들었던 점은 불과 2년 전만 해도 아랍에미리트에서는 여성이 이슬람 율법 때문에 스포츠 대회에 제대로 참여할 수 없었다는 사실이다."라고 말한 바 있다. 그가 관중의 낯선 시선을 감내하면서까지 출전을 감행한 이유는 히잡이 자신을 억압하고 있다는 사실을 알리려는 의도가 아니었다. 라리의 이 말은, 여성의 사회 활동이 제약된 자국의 문화 환경 속에서, 히잡을 쓰고서라도 스포츠 대회에 참여해 자신을 세상에 드러내고 싶다는 욕망의 표현이었다.

사실 오랫동안 스포츠 복장 규정은 무슬림 여성에게 호락호락하지 않았다. 다행히 스포츠계에서도 최근 무슬림 여성들을 위해 하나둘씩 규정의 족쇄를 풀어 나가고 있다. 앞서 소개한 비치발리볼만 해도 2012년 이전에는 모든 여성 선수가 비키니를 입어야 했다. 하지만 국제배구연맹(FIVB)이 이슬람 참가국의 종교적 신념과 문화적 관례 등을 존중해 반바지와 긴소매·민소매 상의를 허용했고, 2012년 런던하계올림픽부터 복장을 자유롭게 선택할 수 있도록 규정을 완화했다.

2011년, 국제축구연맹(FIFA)은 질식이나 심장마비 등 위험을 초래할 수 있다는 이유로 히잡 착용을 금지하여 이란 대표 팀이 올림픽 예선 출전을 포기하기도 하였다. 그러다가 여러 업체가 스포츠 히잡 개

발에 나서자 FIFA는 그제야 히잡 금지 규정을 슬며시 없앴다. 국제농구연맹(FIBA)도 12cm 이상의 머리띠를 쓰지 못하게 하며 히잡을 착용한 무슬림 여성들의 출전을 막다가, 카타르 대표 팀이 2014년 인천 아시안게임 출전을 포기하고 철수한 것을 계기로 2017년 5월이 되어서야 뒤늦게 관련 규정을 철폐했다.

1996년 애틀랜타하계올림픽 전까지만 해도 히잡을 쓴 선수들은 올림픽 무대에 아예 설 수 없었다. 그러나 2016년 리우데자네이루하계올림픽에서는 무슬림 여성 선수들이 따낸 메달만도 14개나 된다. 히잡을 둘러싼 깐깐하고 보수적인 스포츠 복장 규정들이 시나브로 무너진다는 방증이다.

펜싱에서 동메달을 차지한 튀니지의 이네스 부바크리Ines Boubakri 선수는 모든 무슬림 여성에게 자신의 메달을 헌정하며 "자신의 승리가 여성들이 (그곳에도) 존재하며 사회에서 각자의 지위를 갖고 있다는 메시지가 됐으면 한다."라고 밝혔다. 또 미국 국가 대표 최초로 히잡을 쓴 검객 이브티하즈 무하마드Ibtihaj Muhammad는 메달은 따지 못했지만 "많은 사람이 아직도 무슬림 여성이 자기 목소리를 내거나 스포츠 대회에 참가할 수 없다고 생각한다"면서 "자기 목소리를 내지 못하는 많은 사람을 대표해 이렇게 올림픽 무대에 서서 영광"이라고 말했다.

무슬림 여자 선수들은 스포츠를 가부장적 권위에 맞설 기회로 여긴다. '여성은 무엇이든 해낼 수 있는 존재'란 사실을 경기를 통해 세상에 알린다. 그리고 비무슬림이 자신을 바라보는 시각을 바꿔 주기를 기대한다.

　전 세계 75억 명 인구 가운데 무슬림은 23%인 약 16억 명으로 추산된다. 그 절반인 8억 명의 여성은 종교적·사회적 억압 속에서 스포츠의 즐거움을 마음껏 누리지 못하고 있다. 지금도 무슬림 여성들은 이슬람문화의 편견과 굴레를 벗어 버리고 스포츠로 건강한 삶을 누리기 위해 달리고 있다. 히잡을 쓴 선수들의 모습이 더 이상 관중의 눈에 어색하고 불편하지 않은, 익숙한 모습이 될 날이 머지않았다. 스포츠에서 히잡을 둘러싼 해묵은 규정이 없어지고 관중의 편견이 사라져 가듯, 이슬람문화를 바라보는 세상의 눈도 좀 더 편안하고 관대해졌으면 한다.

히잡을 두른 피겨 선수, 자흐라 라리

2017년 삿포르동계아시안게임에서 아랍에미리트 자흐라 라리가 이슬람 율법을 지키기 위해 아시안게임 피겨 사상 최초로 히잡을 쓰고 은반에 섰다.

동영상 함께 보기

도판 출처

16쪽 ⓒmax blain(Shutterstock.com)

20쪽 ⓒGorodenkoff(Shutterstock.com)

26쪽 ⓒRobert J Davean(Shutterstock.com)

28쪽 ⓒvnews.tv(Shutterstock.com)

33쪽 ⓒMitch Gunn(Shutterstock.com)

41쪽 ⓒ연합뉴스

45쪽 ⓒ연합뉴스

52쪽 ⓒ연합뉴스

56쪽 ⓒdaykung(Shutterstock.com)

66쪽 ⓒAndrey Burmakin(Shutterstock.com)

71쪽 ⓒcharnsit(Shutterstock.com)

73쪽 ⓒAnton_Ivanov(Shutterstock.com)

80쪽 ⓒOllyy(Shutterstock.com)

86쪽 ⓒZolnierek(Shutterstock.com)

89쪽 ⓒ연합뉴스

91쪽 ⓒ연합뉴스

95쪽 Public Domain

98쪽 ⓒ연합뉴스

101쪽 ⓒRichard Paul Kane(Shutterstock.com)

104쪽 ⓒ연합뉴스

111쪽 ⓒKeith Allison(2015, Wikimedia Commons, CC BY-SA 2.0)

113쪽 ⓒcristiano barni(Shutterstock.com)

128쪽 ⓒLeonard Zhukovsk(Shutterstock.com)

130쪽 ⓒJeff Smith(Shutterstock.com)

139쪽 ⓒKeith Allison(2009, Wikimedia Commons, CC BY-SA 2.0)

142쪽 ⓒ연합뉴스

145쪽 ⓒ연합뉴스

148쪽 ⓒVasyl Shulg(Shutterstock.com)

156쪽 ⓒ연합뉴스

159쪽 ⓒdotshock(Shutterstock.com)

165쪽 ⓒJukoFF(2012, Wikimedia Commons, CC BY-SA 3.0)

166쪽 ⓒAspen Photo(Shutterstock.com)

173쪽 ⓒ연합뉴스

174쪽 ⓒPavel1964(Shutterstock.com)

177쪽 ⓒYu Zhang(Shutterstock.com)

183쪽 ⓒMitrofanov Alexander(Shutterstock.com)

187쪽 ⓒ연합뉴스

190쪽 ⓒLeonard Zhukovsky(Shutterstock.com)

194쪽 ⓒs.sermram(Shutterstock.com)

201쪽 ⓒAkhmad Dody Firmansyah(Shutterstock.com)

205쪽 ⓒ연합뉴스

208쪽 ⓒsmileimage9(Shutterstock.com)

212쪽 ⓒ연합뉴스

222쪽 ⓒ연합뉴스

225쪽 ⓒkikk(2008, Wikimedia Commons, CC BY-SA 3.0)

228쪽 ⓒ연합뉴스

230쪽 ⓒNattle(Shutterstock.com)

234쪽 ⓒTaras-studio(Shutterstock.com)

.

북트리거 포스트

북트리거 페이스북

경기장을 뛰쳐나온 인문학

스포츠로 거침없이 세상을 읽다

1판 1쇄 발행일 2019년 1월 15일
1판 3쇄 발행일 2021년 10월 15일

지은이 공규택
펴낸이 권준구 | 펴낸곳 (주)지학사
본부장 황홍규 | 편집장 윤소현 | 팀장 김지영
편집 양선화 박보영 이인선 | 디자인 정은경디자인
마케팅 송성만 손정빈 윤술옥 이혜인 | 제작 김현정 이진형 강석준 방연주
등록 2017년 2월 9일(제2017-000034호) | 주소 서울시 마포구 신촌로6길 5
전화 02.330.5265 | 팩스 02.3141.4488 | 이메일 booktrigger@naver.com
홈페이지 www.jihak.co.kr | 포스트 http://post.naver.com/booktrigger

ISBN 979-11-89799-00-7 03300

* 책값은 뒤표지에 표기되어 있습니다.
* 잘못된 책은 구입하신 곳에서 바꿔 드립니다.
* 이 책의 전부 또는 일부 내용을 재사용하려면 반드시 저작권자의 사전 동의를 받아야 합니다.

북트리거

트리거(trigger)는 '방아쇠, 계기, 유인, 자극'을 뜻합니다.
북트리거는 나와 사물, 이웃과 세상을 바라보는 시선에 신선한 자극을 주는 책을 펴냅니다.